ATLAS

D1723219

Wolfgang Wienen

Fang die Fische!

Über Verkäufer, Fischer und Erfolg II/2015

Herzlichen Dank für Ihre rege Teilnahme und viel Freude bei der Lektüre

JC Heinz

BusinessVillage
Update your Knowledge!

Wolfgang Wienen
Fang die Fische!
Über Verkäufer, Fischer und Erfolg
BusinessVillage, Göttingen 2010
ISBN 978-3-86980-016-5
© BusinessVillage GmbH, Göttingen

Bestellnummer
Druckausgabe Bestellnummer PB-826
ISBN 978-3-86980-016-5

Bezugs- und Verlagsanschrift
BusinessVillage GmbH
Reinhäuser Landstraße 22
37083 Göttingen
Telefon: +49 (0)5 51 20 99-100
Fax: +49 (0)5 51 20 99-105
E-Mail: info@businessvillage.de
Web: www.businessvillage.de

Layout und Satz
Sabine Kempke

Coverabbild, ung
yocar, www.fotolia.de

Druck
Hubert & Co GmbH & Co., Göttingen

Inhalt

Über den Autor

Wolfgang Wienen ist Unternehmensberater, Trainer und Coach und gilt als Geheimtipp in der Branche. In seiner über 20-jährigen Berufstätigkeit im Vertrieb von Konsum- und Investitionsgütern sowie Dienstleistungen hat er alle Facetten des Vertriebs kennengelernt und gibt seit 17 Jahren seine Erfahrungen in Seminaren und Einzelcoachings weiter. Mit dem Motto „Aus der Praxis für die Praxis", seiner motivierenden Art und dem Fokus auf Nachhaltigkeit hat er schon mehr als 12.000 Teilnehmer gecoacht und auf die Herausforderungen im Vertrieb vorbereitet.

Wenn du Fische fangen willst,
gehe nicht in den Fluss und
greife mit den Händen danach,
sondern gehe nach Hause und knüpfe ein Netz.

Chinesisches Sprichwort

Vorwort

Die Nutzung des Buches

Immer wieder höre ich von Menschen, dass sie sehr pfleglich mit ihren Büchern umgehen. Sie behandeln diese, als bestünden sie aus dünnstem Pergamentpapier, und Notizen werden niemals darin vorgenommen. Ich kann Ihnen sagen, dies ist absoluter Blödsinn! Es ist ein Buch! Und wenn in einem Buch etwas steht, was ich interessant finde oder was wichtig für mich ist oder was ich umsetzen möchte oder wozu mir ein Geistesblitz einfällt (das kommt schon mal vor) oder, oder, oder ..., dann knicke ich die Ecken, kritzel auf den Seiten rum und unterstreiche, umkreise und kennzeichne meine gelesenen Texte. Es ist ja mein Buch. Und wenn sich jemand mein Buch ausleihen möchte, weil er zu geizig ist, sich ein eigenes zu kaufen, dann muss er auch mit meinen Randnotizen leben. Es ist ja mein Buch! Außerdem habe ich festgestellt, dass ich gut gepflegte Bücher ohne Notizen nach dem Verleihen selten zurückbekomme. Meine vollgekritzelten Bücher jedoch wollen die wenigsten geliehen haben, da das Buch auf diese Weise „persönlich" ist. Auch gut oder noch besser. Es ist ja mein Buch.

Also kritzeln Sie in Ihrem Buch rum und denken Sie immer daran: Es ist Ihr Buch und sollte auch benutzt werden.

Nun wünsche ich Ihnen viel Spaß beim Lesen.

Ihr

Vorwort zum Fischer

Auf den Irrwegen meines Lebens muss ich immer wieder an den Fischer denken, der mir gezeigt hat, wie der Beruf des Verkäufers funktioniert. Ein Fischer, der sein Wissen auf den Verkauf überträgt und mit jeder Faser und in jedem Augenblick so gelebt hat, wie er es vermittelte. Ein Fischer, der die Fische liebte, obwohl er sie tötete. Keiner, der seine eigene „Existenz" vernichtet, indem er das Gewässer leerfischt, sondern der im Einklang mit der Natur arbeitet und keine „verbrannte Erde", wenn man dies in diesem Zusammenhang mit Wasser überhaupt sagen kann, hinterlässt. Der Fischer, der Herz, Zuversicht, Konsequenz, Nachhaltigkeit und Handeln vereint wie kein anderer. Diesem Menschen möchte ich Danke sagen und meine größte Hochachtung aussprechen. Demjenigen, der mir immer sagte: „Erfolg ist kein Zufall!" Und demjenigen, der sagte, dass viel Arbeit nicht mehr Ergebnis bringt, sondern nur systematische, effiziente Arbeit gepaart mit Fleiß und Konsequenz zum bestmöglichen Ergebnis führt.

1.
Der Schritt in den Vertrieb

Mein Name ist Jan van Sale. Nach meiner technischen Ausbildung wurde ich in einem sehr großen Unternehmen als Techniker eingestellt. Ich war gerade Anfang 20 und wusste zu diesem Zeitpunkt noch nicht, wo ich im Leben hingehöre und wo meine wirklichen Stärken und Schwächen liegen. Ach, ich wusste nicht einmal, was das ist. Die Arbeit war für mich sehr anstrengend und ich merkte sehr schnell, dass das, was ich da tat, nicht das war, was ich bis zu meinem Lebensende machen wollte. Aber ich sagte mir, bevor du bei der derzeitigen wirtschaftlichen Lage etwas anderes machst oder gar auf der Straße stehst, bleibe lieber dort und mache deinen Job so gut es geht.

Nach einiger Zeit wurde ich von meinem Vorgesetzten angesprochen, ob ich nicht Lust hätte, als Standpersonal mit zur Messe zu kommen. Eine schöne Abwechslung, dachte ich mir, und sagte zu. Da ich in meinem Job bisher weder Kundenkontakt noch eine Ahnung von Vertrieb hatte, fragte ich einen Kollegen, der bereits öfter auf Messen gewesen war, was da auf mich zukommen würde. Er sagte lediglich: „Weißt du, kauf dir einen Anzug, und wenn du auf der Messe bist, hast du Party ohne Ende und sprichst ab und zu mit dem einen oder anderen Kunden." Also ging ich los und besorgte mir erst einmal zwei Kombinationen, die untereinander austauschbar waren, und fuhr zur Messe.

Am Abend halfen wir noch den Kollegen beim Aufbau des Messestandes. Ich sah dieses absolute Chaos und fragte mich, ob alles bis zum nächsten Tag überhaupt fertig werden würde. Es wurde. Am Morgen sah alles ziemlich toll aus – ich rede von den Männern in Anzügen, den top gekleideten Frauen und davon, dass jeder lächelte und alle wichtig durch die Gegend liefen, als ob sie alle Chefs wären. Ich freute mich und konnte es kaum erwarten, dass es endlich anfing. Um exakt neun Uhr war über die Lautsprecher eine freundliche Frauenstimme zu hören, die alle Hersteller begrüßte und die Messe für eröffnet erklärte.

Die Gespräche mit den Kunden gefielen mir sehr gut und machten zudem auch noch großen Spaß. Ich schaute permanent zu unserem Verkaufsleiter herüber, um zu sehen, wie er arbeitete, denn, wie man mir sagte, war er der erfolgreichste Verkäufer des Unternehmens und deshalb auch in diese Position gekommen. Er war Mitte fünfzig, groß, seine Haare waren nicht mehr vorhanden und er hatte trotz seines Alters eine sportliche Figur. Die Anzüge, die er trug, saßen perfekt, seine Gespräche waren bewundernswert und sein Charme und seine dennoch konsequente Vorgehensweise sehr professionell. So wollte ich mal werden – oder so ähnlich jedenfalls.

Rückblickend muss ich sagen, dass meine „erste" Messe das Aufregendste und Wichtigste gewesen ist, das ich je erlebt habe. Hier wurden die Weichen für mein Leben gestellt.

Die Messe war für das Unternehmen, für das ich arbeitete, ein voller Erfolg und ich hatte offensichtlich dazu beigetragen, was mich mit absolutem Stolz erfüllte. Nicht nur das war so faszinierend. Ich merkte plötzlich, dass mir der Verkauf liegt, obwohl ich bis zu diesem Tag ein eher negatives Bild von Verkäufern hatte.

Ab diesem Zeitpunkt gab es nur noch ein klares Ziel: Ich wollte in den Verkauf. Aber wer nimmt schon jemanden aus der Technik, der vom Kaufmännischen und Verkäuferischen keine Ahnung hat? Niemand. Aber wenn ich es nicht versuchte, würde ich es nie erfahren. Ich nahm allen Mut zusammen, ging zu meinem Verkaufsleiter und fragte ihn, ob er weitere Verkäufer bräuchte. Seine Antwort war: „Warum nicht, lassen Sie es uns versuchen, wir haben ja nichts zu verlieren."

Meine Freude war riesengroß und ich stürzte mich in die neue Herausforderung, nachdem ich meinen Arbeitsbereich sorgfältig übergeben hatte. Nach kurzer Zeit merkte ich, dass die neue Arbeit als Verkäufer nicht nur darin bestand, was auf einer Messe passiert, sondern dass diese Arbeit erheblich vielfältiger war, als ich gedacht hatte. Ich sah den Wald vor lauter Bäumen nicht mehr. Die Gedanken drehten sich im Kreis, meine Nächte wurden schlafloser und die Umsätze und Aufgaben, die zu bewältigen waren, wurden unerreichbar. Meine Kraft und Motivation waren aufgebraucht und ich wusste nicht, wie ich aus dieser Erfolglosigkeit wieder rauskommen sollte, obwohl das Feuer, den Job gut auszufüllen, immer noch in mir loderte. Um den Erfolg wiederzufinden, blieb mir keine andere Wahl als Farbe zu bekennen, und ich ging zu meinem Mentor, dem Verkaufsleiter, und schilderte meine ausweglose Situation. Ich fragte ihn, ob ich wieder meinen alten Job haben könnte oder wie ich aus dieser Situation herauskommen könnte. Das Gespräch dauerte sehr lange und er hörte mir sehr aufmerksam zu. Als ich meine Ausführungen beendet hatte, schaute er mich an und sagte mir folgende Worte: „Herr van Sale, ich bin davon überzeugt, dass Sie genau der Richtige für diesen

Job sind. Ihnen fehlen lediglich ein paar Werkzeuge und eine klare Struktur, um diese Aufgabe zu bewältigen. Sie sind nicht nur ein Talent im Verkauf, sondern ein Mensch, der andere anstecken kann. Sie können jetzt noch nicht aufgeben, da Sie bis heute Ihr Talent nicht entfalten konnten. Ich möchte Ihnen mit allen Mitteln und Möglichkeiten, die mir zur Verfügung stehen, helfen – natürlich nur, wenn Sie wollen."

Die Bewunderung meinerseits für diesen Verkaufsleiter war nicht nur ungebrochen, sondern verstärkte sich mit jedem Augenblick und mit jedem seiner Worte. Er glaubte noch an meine Fähigkeiten. Warum sollte ich nicht auch an sie glauben? Also willigte ich ein.

Jetzt fügte er hinzu: „Kommen Sie am Samstagmorgen um fünf Uhr in der Frühe zu mir nach Hause. Ziehen Sie sich bequeme und warme Sachen an, dann werde ich Ihnen die Geheimnisse des Erfolges zeigen und erklären." Ich stellte keine Fragen, bestätigte diesen Termin und verließ sein Büro.

In den darauffolgenden Tagen stellte ich mir immer wieder dieselben Fragen: „Was hat mein Verkaufsleiter mit mir vor? Was soll ich an einem Samstagmorgen um fünf Uhr bei ihm? Was will er mir um diese Uhrzeit erzählen und zeigen, was er mir nicht auch zu einer menschlicheren Uhrzeit erzählen und zeigen kann?" Selbst als ich meine Kollegen fragte, ob sie eine Vorstellung hätten, verneinten sie dies nur und zuckten mit den Schultern bei den Aussagen: „Privates hat er noch niemandem erzählt, nur das Übliche und Small Talk sowie gemeinsames Grillen und so ..." Also konnte ich nur noch abwarten. Dadurch stieg die Spannung vor dem Ungewissen extrem an.

Da ich wusste, dass mein Chef auf Pünktlichkeit großen Wert legt, traf ich mich am Vorabend nicht mit meinen Freunden, sondern ging zeitig zu Bett. Ich stellte mir den Wecker auf vier Uhr, um auf jeden Fall pünktlich zu sein. Ich wusste, dass mein Chef etwas außerhalb wohnte und meine Fahrtzeit zu normalen Tageszeiten eine Stunde und samstags um vier Uhr morgens immerhin noch eine halbe Stunde dauern würde.

Nun war er da: Der Tag X.

Da mein Chef mir gesagt hatte, dass ich bequeme, warme und praktische Sachen anziehen sollte, tat ich dies auch. Ich zog meine Outdoor-Hose an, einen warmen Pullover und darüber eine winddichte Jacke. Auch wenn ich mich ihm gegenüber in dieser entspannten „Kluft" etwas unwohl fühlen würde, tat ich dies. Er wird schon wissen, was er mir sagt. Oder wollte er womöglich nur testen, wie weit ich gehen würde? Aber was hatte ich schon zu verlieren, und außerdem wollte er mir ja helfen und mich nicht vernichten. Nun trank ich noch einen Espresso, schnappte mir einen Apfel und fuhr dann los. Als ich bei ihm ankam, sah ich bereits Licht in seinem Haus, also stieg ich aus und betrat die Veranda. Bevor ich mich bemerkbar machen konnte, öffnete er mir bereits mit den Worten die Tür: „Ich freue mich, Sie zu sehen, Herr van Sale! Wie ich sehe, haben Sie genau die richtige Kleidung für unser Vorhaben an!" Meinen Chef hatte ich noch nie in privater Kleidung gesehen. Ohne Krawatte, Designer-Anzug und italienische Schuhe sah er ganz ver-

16

ändert aus. Er trug eine wirklich alte Hose, einen uralten Pulli, darunter einen Rolli und dazu feste, alte und ausgetretene Schuhe. Des Weiteren vernahm ich einen seltsamen und eigenartigen Geruch, der von ihm ausging. Ehrlich gesagt stank er, aber ich konnte nicht einordnen, wonach. Ich folgte ihm in die Küche, wo ich seine Frau zum ersten Mal sah. Sie lächelte mich an, stellte sich kurz vor und sagte dann: „Schön, Sie kennenzulernen, Herr van Sale. Ich habe schon viel von Ihnen gehört – natürlich nur Gutes! Und glauben Sie mir, sonst hätte mein Mann Sie niemals eingeladen. Es ist das erste Mal, dass er so etwas tut."

Wir tranken noch einen Kaffee und fuhren dann los.

Im Auto fragte ich meinen Chef, woher sein Wissen über den Vertrieb stamme, was ihn erfolgreich mache und – was mir am wichtigsten war – was wir heute und vor allem um diese Uhrzeit vorhätten. Nach einer Minute endlosen Schweigens sagte er: „Wissen Sie, das Wissen habe ich von meinem Vater. Er machte mit mir genau das, was ich mit Ihnen vorhabe. Er war ein extrem erfolgreicher Verkäufer, Verkaufsleiter und ein toller Mensch mit einer hohen Sozialkompetenz. Er hatte die Gabe, Menschen zu bewegen, und zwar im wahrsten Sinne des Wortes. Das schaffte er immer mit Beispielen, die er aus verschiedensten Perspektiven anführte. Außerdem war er ein begnadeter Fischer im Einklang mit der Natur und der Umwelt."

Den Rest der Fahrt schwiegen wir bis zu dem Zeitpunkt, als wir in einen Hafen fuhren und er sein Fahrzeug mit den Worten abstellte: „So, nun sind wir da." Wir stiegen aus und gingen ruhig, aber zielstrebig zu einem Steg, an dem ein alter Fischkutter stand. Mein Chef sprang mit einem großen Schritt darauf und forderte mich auf, ihm zu folgen. Er öffnete die Kajüte, steckte den Schlüssel ins Zündschloss und sagte mir, ich solle die Leinen lösen. Der Motor sprang an, ich löste die Taue, die uns am Festland hielten, und wir fuhren los.

2.
Die Vorbereitung

Die Basis allen Erfolges ist
Wissen, Nachhaltigkeit und Konsequenz!
Zufall und Glück spielen hierbei
eine untergeordnete Rolle.

Als wir bereits eine halbe Stunde schweigend die Ruhe, das Meer und die Fahrt genossen hatten, fing er an zu reden: „Wissen Sie, was wir heute vorhaben?" Spontan antwortete ich: „Ich vermute, dass wir uns einen schönen Tag machen, etwas angeln und beim Nichtstun über den Job sprechen!" „Nein", sagte er. „Genau das tun wir nicht. Wir werden fischen." „Habe ich doch gesagt, wir angeln." Er hingegen sagte: „Nein, wir gehen fischen. Das ist ein großer Unterschied. Beim Angeln haben wir eine Angel, mit der wir einen einzelnen Fisch fangen, und beim Fischen verwenden wir Netze, um nicht nur einen Fisch, sondern viele Fische auf einmal aus dem Wasser zu holen. Hierfür verwenden wir Netze. Das ist der große Unterschied."

Begeistert war ich jetzt weiß Gott nicht. Ich hatte gedacht, er wollte mich zu einem versierten und erfolgsorientierten Vertriebler machen – Fischen war alles andere als Verkaufen. Ich dachte mir insgeheim, dass ich wahrhaftig mit meiner wenigen zur Verfügung stehenden Zeit Besseres machen könnte als Fischen. Ich sagte mir: „Na ja, jetzt bin ich hier – also mache das Beste daraus." Ich setzte fortan eine fröhliche Miene auf und überlegte mir eine Ausrede für das nächste Mal, falls es noch einmal zu einer Einladung zum Fischen kommen sollte.

Mein Chef stellte den Motor ab, ließ mich den Anker auswerfen, schenkte uns jeweils einen Kaffee ein, setzte sich zu mir und fing an zu erzählen. „Bevor man überhaupt anfängt zu fischen, sollte man erst einmal wissen, was man konkret will.

Hierbei meine ich:
- Welche Fische stehen zur Verfügung?
- Wann laichen die Fische?
- Wo laichen die Fische?
- Wie bewegen sich die Fische?
- Wie viele sind in einem Schwarm?
- Wo leben die Fische?
- Wie sind die Lebensgewohnheiten der Fische?
- Was muss ich tun, um dauerhaft fischen zu können und keine Überfischung zu erreichen?
- Wie oft und wann kann ich rausfahren?
- Wie und wo sind Strömungen?
- Wie verhalten sich die Schwärme im Einzelfall?
- Welche Auswirkung hat das Wetter?
- Welche Rolle spielen die anderen Fischer in der Region?"

Bisher hatte ich keine Ahnung vom Fischen gehabt und mir war nicht bekannt, dass auch hier der Aufwand für den Erfolg im Vorfeld derart hoch ist. Ich denke, es wird wohl überall so sein, wo der Erfolg zu Hause ist. Die Punkte, die mir mein Chef nannte, waren auch interessant für mich, und da ich immer mein Notizbuch dabei hatte, schrieb ich mir sämtliche Punkte auf, die er nannte, um sie dann für mich umzusetzen. Währenddessen konnte ich noch keine Entscheidung darüber treffen, ob und welche Informationen ich später würde verwerten können, deshalb schrieb ich einfach sämtliche Eckpunkte mit. Denn mit dem nötigen Abstand können einzelne unwichtige Punkte eliminiert und wichtige Punkte weiter aufbereitet werden.

Er führte weiter aus: „Um diese Erfahrung zu bekommen, musste ich viel Lehrgeld, Zeitverluste und Ärger in Kauf nehmen, weil ich glaubte, dass mein Vater, von dem ich Ihnen bereits erzählt habe, mir nichts beibringen konnte, und letzten Endes wollte ich alles selber ausprobieren. Mein Vater kaufte mir einen alten Kutter und ich fing mit 16 Jahren selber an zu fischen. Die einzigen Dinge, die ich hatte, waren Mut, Motivation, keine Ahnung und ein Kompass. Motivation und Mut sind sehr gute Komponenten für den Erfolg und der Kompass ist ein gutes Werkzeug. Mit diesem kann eine Richtung festgelegt, allerdings nicht der Standort bestimmt werden. Einen Sextanten hatte ich nicht, also hielt ich mich immer nur in Landnähe auf, um mich nicht auf hoher See zu verirren.

Heute ist es zum Glück oder auch leider nicht mehr so einfach wie früher, Fischer zu werden. Heutzutage muss erst einmal eine Ausbildung absolviert werden, um genau das zu vermeiden, was mir passiert ist. Aus heutiger Sicht kann ich nur sagen, dass ich mit mäßigem Erfolg fischte und dabei der Umwelt sowie dem Fischbestand mit meiner Ahnungslosigkeit nicht guttat. Mein Vater ließ mich zwei Jahre lang alleine fischen und erst, als ich begriff, dass ich so nicht ans Ziel kommen würde, fragte ich immer wieder meinen Vater um Rat. Er gab mir auf jede Frage eine Antwort und ich befolgte seine Ratschläge. Es war sehr mühselig und der Erfolg stellte sich auch nicht so recht ein, da es immer sehr schwer ist, aus der Theorie die richtige Praxis zu generieren. Eines Tages fragte er mich, ob wir nicht mal wieder zusammen fischen wollten, und ich entschied mich, aus gegebenem Anlass, der Erfolglosigkeit, dabei zu sein. Von diesem Moment an hörte ich ihm genau zu, egal was mein alter Herr mir erzählte. Ich nahm alle Informationen auf und konzentrierte mich auf alles, was er sagte. Heute kann ich sagen, dass der Erfolg in der konsequenten und nachhaltigen Umsetzung aller Details liegt. Erst später begriff ich, dass der Verkauf eng mit dem Fischen verbunden ist. Mein Vater sagte mir, dass dieses Wissen kein Geheimnis sei, allerdings sollte ich mir gut überlegen, ob und wem ich dieses Wissen zur Verfügung stellen möchte. Denn nur derjenige, der ernsthaft zu den Besten gehören will, nur derjenige, der den nötigen Biss hat und die Veranlagung besitzt, ist es auch wert, ihm etwas von der eigenen Lebenszeit zu opfern."

Es ehrte mich sehr, diese Worte von meinem Vorgesetzten zu hören. Als ich ihn fragte, wem er außer mir dieses Wissen zur Verfügung gestellt hatte, überraschte mich seine Antwort, die kurz und präzise ausfiel: „Niemandem bisher."

Er stand auf, ging zu den Bojen, die er in der Vergangenheit im Wasser platziert hatte, um sein Gebiet zu markieren, und legte seine Netze aus. Mir gingen die ganze Zeit über seine Worte durch den Kopf, die da waren: „Was will man überhaupt?" Was will ich überhaupt? Wie kann ich das mit dem Verkauf ins Verhältnis setzen? Was soll ich jetzt machen? Welche Schlussfolgerungen ziehe ich daraus? Was heißt Sextant? Wo ist da der Bezug? Fragen über Fragen ergaben sich. Meine Gedanken hörten gar nicht mehr auf zu arbeiten.

Aus meinen Gedanken wurde ich von seinen Worten „Herr van Sale, kommen Sie und helfen Sie mir bitte, die Netze wieder einzuholen!" herausgerissen. Der Fang war wohl seinem Lächeln nach zu urteilen sehr gut.

Wir lösten die Fische aus dem Netz, er startete den Motor und wir fuhren wieder zurück.

Als wir in den Hafen einfuhren, sah ich bereits ein treibendes Leben, viele Fischerboote und Marktstände. Wir legten an und seine Frau, die zwischenzeitlich am Kai auf uns gewartet hatte, empfing uns mit den Worten: „Der Stand ist bereits aufgebaut und zwei Hotelköche warten schon auf dich. Wie war das Ergebnis? Hast du die versprochenen Fische?" Er bejahte dies mit freundlicher und liebevoller Stimme, während er sie umarmte und flüchtig küsste.

Wir löschten die Ladung und brachten alles direkt zum Stand. Wir verkauften alle Fische, die wir mitbrachten. Mich erfüllte am Ende dieser „Veranstaltung" ein sehr befriedigendes und wohliges Gefühl. Ich konnte klar und deutlich spüren, was ich heute getan hatte. Normalerweise stehe ich samstags um diese Uhrzeit auf, denn es war erst elf Uhr.

Als wir uns um 11:30 Uhr verabschiedeten, sagte mein Chef noch zu mir: „Versuchen Sie den heutigen Tag auf den Vertrieb zu übertragen und bringen Sie mir am Montagmorgen das schriftliche Ergebnis mit ins Büro."

Als ich endlich zu Hause angekommen war, legte ich mich erst einmal hin und schlief zwei Stunden. Danach versuchte ich, meine Gedanken zu sortieren und in Form zu bringen. Ich schaute mir noch einmal alle Notizen an und gliederte diese. Dies tat ich, indem ich alle Stichpunkte auf Metaplankarten (das sind Karten mit einer Größe von circa 20 × 10 cm) schrieb und sie ausgebreitet vor mir auf den Boden legte, um mir so eine bessere Übersicht zu verschaffen.

Über ein Wort stolperte ich. Was meinte er nur mit dem Sextanten? Wo besteht der Zusammenhang mit dem Vertrieb? Als ich im Internet den Begriff „Sextant" recherchierte, fiel mir auf, dass dieses Messinstrument zum Navigieren und zur Zielerreichung von großer Bedeutung ist. Es wird nicht nur benötigt, um sein Ziel zu erreichen, sondern um die derzeitige Position zu bestimmen. Denn nur wenn ich genau weiß, wo meine aktuelle Position ist, kann ich den Weg beziehungsweise das Ziel festlegen.

Wenn ich meinen Chef richtig verstanden habe, bringt er mit dem Begriff des Sextanten zum Ausdruck, dass es immer das erste Ziel sein sollte, den eigenen Standpunkt beziehungsweise die Ausgangslage zu bestimmen. Übertragen handelt es sich dabei um eine Analyse des eigenen Verkaufsgebiets und der derzeitigen Arbeitsweise. Denn so kann festgestellt werden, von welcher

Stelle der Weg zum Ziel losgeht. Nur auf diese Weise lassen sich realistische und fundierte Ziele festlegen und erreichen.

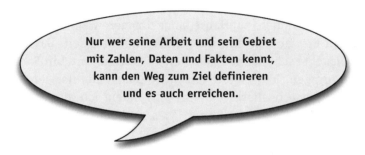

Nur wer seine Arbeit und sein Gebiet mit Zahlen, Daten und Fakten kennt, kann den Weg zum Ziel definieren und es auch erreichen.

Ich kam zu dem Schluss, dass ich keinen Weg zum Ziel finden kann, wenn ich *nicht* weiß, von welcher Position ich starte. Ich kann nur so weitermachen wie bisher und alles dem Zufall, manche nennen es auch Glück, zuschreiben. Umgekehrt verhält es sich demnach genauso. Zu wissen, wo ich stehe, aber keine Ziele zu haben, ist genauso semiprofessionell. Weiter heißt es dann, dass ich etwas verändern muss, wenn ich etwas anders haben will, denn sonst bleibt alles so, wie es ist.

Nur wer sich bewegt, bewegt etwas!

Ich brachte nun alle Erkenntnisse aus der Fischerei übertragen auf den Vertriebsbereich teilweise mit Abwandlungen zu Papier und war am Ende mit meiner Arbeit sehr zufrieden.

Standortbestimmung

- Wie viele Termine habe ich im vergangenen Jahr realisiert?
- Wie hoch ist der Aufwand für die Neukundenakquisition? Wie viel Zeit wird benötigt, um einen Neukunden zu gewinnen? Wie oft muss dieser im Durchschnitt besucht werden? Wie viele Interessenten müssen akquiriert werden, um einen Neukunden zu gewinnen?
- Mit welchen Kunden mache ich wie viel Umsatz/ Deckungsbeitrag?
- Wie viele Kunden habe ich im Bestand?
- Wie viele Kunden/Interessenten befinden sich insgesamt im Gebiet?
- Wie lange dauerten die Besuche im Durchschnitt?
- Wie viele Besuche habe ich pro Tag/Woche/Monat durchgeführt?
- Wie sehen Wins & Losses-Listen aus?
- Wie viele Kunden habe ich mit welchem Umsatz im Bestand?
- Wie sind diese strukturiert?
- Wie war der Anteil von Neukunden und Bestandskunden?
- Wie viele Kunden habe ich mit welchem Umsatz verloren?
- Wie viele kamen mit welchem Umsatz neu hinzu?
- Wie viele Angebote habe ich geschrieben?
- Wie hoch ist der durchschnittliche Angebotswert?
- Wie viele Aufträge resultierten aus den Angeboten?
- Wie entwickelt sich der Markt?
- Welche Zielgruppen stehen mir zur Verfügung?
- Wie groß sind die jeweiligen Zielgruppen?
- Wie ist die Marktsituation?

- Wie hoch ist unser Marktanteil?
- Wie hoch ist der Marktanteil des Wettbewerbs?
- Wo liegen die Stärken, Schwächen, Chancen, Risiken für mein Gebiet?

Als ich meinem Chef dann am Montagmorgen das Ergebnis überreichte, las er meine Ausführungen sehr ruhig und aufmerksam durch. Ich hoffte, dass er sagen würde: „Tolle Arbeit!" – Dem war nicht so.

Er schaute mich an und sagte: „Das ist jetzt der erste und einfachste Schritt gewesen. Sie haben jetzt erst einmal die Basis für das weitere Handeln geschaffen. Wenn Sie Lust haben, kommen Sie bitte am Samstagmorgen, genauer gesagt in der Nacht von Freitag auf Samstag, um zwei Uhr zu mir. Wir müssen noch einiges vorbereiten, bevor wir fischen gehen."

3.
Die Planung

Damit ich um diese Zeit fit sein würde, sagte ich den Termin mit meinen Freunden am Freitagabend ab. Ich ging an dem besagten Freitag früher als gewöhnlich vom letzten Kunden nach Hause und legte mich bereits um 20:00 Uhr ins Bett. Der letzte Gedanke vor dem Einschlafen war: „Was hat er morgen um diese unglückliche Zeit nur vor?" Nachdem der Wecker um ein Uhr geklingelt hatte, stand ich wie benebelt auf und machte alles im Halbschlaf. Ich zog mich an, ohne vorher zu duschen, trank noch einen doppelten Espresso und fuhr zeitig los, um nicht unpünktlich zu sein. An seinem Haus angekommen, sah ich dieses Mal nur in einem Zimmer Licht brennen, und zwar in der Küche. Ich trat an seine Haustür und bemerkte, dass diese leicht offen stand. Ich ging davon aus, dass dies mit Absicht geschehen war, und trat leise ein. In der Küche saß bereits mein Chef. Er trug dieses Mal ein T-Shirt zu einer beigen Jogginghose und trank seinen Kaffee. „Guten Morgen, Herr van Sale!", sagte er ruhig und mit müder Stimme und entschuldigte seine Frau mit den Worten, dass sie noch im Bett liege und es ihr nicht gut ginge. Ich antwortete mit vollem Verständnis und sagte ihm, dass auch ich am liebsten noch im Bett läge.

Jeder trank schweigend noch zwei Tassen Kaffee, bis er aufstand und mit ruhiger Stimme sagte: „Kommen Sie mit, wir müssen beginnen, sonst schaffen wir es nicht mehr zum Fischen." Ich fragte ihn, was wir noch zu erledigen hätten, und er antwortete nur, dass wir heute etwas Besonderes vorhätten und dafür etwas planen müssten.

Wir gingen in sein Arbeitszimmer, er holte einige See-karten hervor, die aussahen, als ob sie aus einer Erbmasse des letzten Jahrhunderts stammten, und legte sie auf den Tisch. Des Weiteren legte er zwei vollgeschriebene Notizbücher, einen leeren Block und neueres Karten-material daneben. Er breitete alles auf dem großen Tisch aus, machte seine große Deckenleuchte an und sagte mir, dass er heute und in Zukunft mehr fischen wollte als in den ganzen Jahren zuvor. Er sah mich an, be-merkte das große Fragezeichen in meinem Gesicht und reagierte sofort darauf. „Wie ich sehe, fragen Sie sich, wie das geht? Ganz einfach! Mein Vater hat bereits früher alle Informationen über Fischgründe, Laichverhalten, Schwarmgröße und Wanderungen der Schwärme über Jahre festgehalten. Ich habe genau diese Informations-sammlung weitergeführt, sodass ich heute nicht nur weiß, wo die Fische sind, sondern auch, wie viele ich wann und vor allem wo fischen muss. Jetzt ist die Zeit gekommen, wo ich die Ernte einfahren werde."

„Aber", wendete ich ein, „die anderen Fischer leben doch auch nicht auf Bäumen. Die haben doch sicherlich auch die ganzen Informationen, die Sie haben. Und soweit ich weiß, sind die Zeiten einer ergiebigen und effizienten Fischerei nach den Prognosen der Fischer selbst und auch nach Wirtschaftsprognosen vorbei. Man redet doch über das ‚Überfischen' und nicht über vorhandene Potenziale, wenn ich diesen Begriff im Kontext überhaupt benutzen darf. Also, warum glauben Sie den Prognosen nicht und machen sich unnötige Mühe mit solchen Dingen? Das bringt doch nichts! – Pause – Oder?"

„Warum denn nicht?", erwiderte er? „Mmh! Aber ..."
„Nichts aber. Wenn alle Menschen immer das täten, was andere sagen, wären wir nur noch Lemminge und ferngesteuerte Maschinen. Jegliche Entwicklung und jegliche Individualität blieben auf der Strecke. Einer jammert und alle jammern mit. Wieso, sagen Sie mir, mein Freund, wieso gibt es immer wieder Menschen, die in Krisen Zuwächse haben und wie Phönix aus der Asche aufsteigen?" Ich dachte kurz nach und sagte ihm, dass diese Personen oder Unternehmen eben nicht dieselben Probleme hätten wie die anderen.

„Genau! Das ist die Antwort, die ich erwartet habe. Diese Antwort kommt von Menschen, die mit dem Strom schwimmen. Klar, wenn Sie glauben, dass etwas so ist und ein anderer Weg nicht funktionieren wird, glauben Sie mir, dann werden Sie recht behalten. Denn Sie werden alles tun beziehungsweise unterlassen, um recht zu behalten. Weil Sie nicht an einen Erfolg glauben. Ist es nicht so, dass der Glaube Berge versetzt? Aber es sind eben keine Wunder, Gott, Jehova, Buddha oder sonstige Propheten für bestimmte Erfolge verantwortlich. Es ist in vielen Fällen der Glaube an sich selbst und die richtige innere Einstellung, die zum Erfolg führt. Erfolg ist somit kein Zufall.

Ich erlebe immer wieder, dass Menschen, die nicht an sich, die Sache oder Aufgabe glauben, allem nur halbherzig nachgehen. Herzblut ist, egal was Sie tun, das wichtigste Erfolgsrezept inklusive drei weiterer wichtiger Punkte." Er holte Luft, machte eine Pause und redete langsam weiter. „Erstens: FLEISS! – Pause – zweitens: FLEISS! – Pause – und drittens: FLEISS! Wissen Sie, es gibt für nichts eine Garantie, aber Sie erhöhen die Wahrscheinlichkeit, Ihre Ziele zu erreichen, wenn Sie nur an das glauben, was Sie tun, mit Herzblut Ihre Aufgabe ausführen und dabei noch fleißig sind. Denn nicht die Großen fressen die Kleinen, sondern immer die Schnellen die Langsamen.

Mein Vater sagte immer zu mir: ‚Weißt du, Junge, lass sie alle reden, du musst immer deinen eigenen Weg gehen.' Die Fischer suchen für ihr Unvermögen immer Gründe dafür, warum es nicht klappt, warum sie wieder einmal einen schlechten Fang hatten und sie mit leeren Netzen heimkamen, oder sie lästern über Fischerkollegen, die bereits alles weggefischt haben. Es gibt also immer Gründe, warum etwas nicht funktioniert.

Die, die einfach ihren Job machen und sich mit ihren Aufgaben identifizieren, wissen, wo sie stehen, und wenn sie klare Ziele haben, erreichen sie diese auch. Der alte Herr, also mein Vater, hatte einen Spruch, der mich sehr zum Nachdenken gebracht hat." Jetzt öffnete er erst einmal langsam seine Thermoskanne, goss sich und mir noch etwas Kaffee nach und trank in aller Seelenruhe seine Tasse leer. Dann schaute er mir in die Augen und holte Luft. „Ich überprüfe immer wieder, ob es heute noch so ist wie damals, und stelle fest, dass der Spruch heute noch so aktuell ist wie damals." Jetzt redete er besonders langsam, deutlich und mit leiser Stimme, um meine Aufmerksamkeit zu erhöhen:

„Top-Fischer sprechen über Ziele, mittelmäßige über Probleme und schlechte über Kollegen oder das Meer."

4.
Ziele setzen

„Die Gründe für ein Versagen würden die meisten Fischer niemals bei sich suchen, sondern immer nur bei anderen. Bei allem gibt es Tausende von Problemen, die erst einmal zu bewältigen sind, um erfolgreich zu sein. Wenn dann alle Probleme bei den Fischern behoben wurden, glauben Sie mir, sie werden neue Probleme finden, um ihr Unvermögen zu verdecken. Mit Unvermögen meine ich, dass sie nicht wissen, wo sie stehen. Sie verlassen sich auf Aussagen anderer und reimen sich gepaart mit ihrem eigenen Wissen eine eigene Meinung beziehungsweise Welt zusammen. Analysen sind aufwendig, kosten Zeit und man muss daraufhin etwas ändern, aber das tun die wenigsten. Das ist ja mit Aufwand verbunden, und Ausreden finden, das ist das Einfachste der Welt. Alles andere ist Arbeit. Zusätzliche Arbeit. Und viele sagen, dass sie keine Zeit für so etwas Unnützes hätten. Ich erzähle hier grundsätzlich die Geschichte vom Holzfäller und Unternehmensberater, die sich zufällig im Wald treffen, während der Holzfäller versucht, einen Baum zu fällen. Als der Unternehmensberater sieht, dass kaum Späne fliegen, wenn der Holzfäller mit seiner Axt auf den Baum einschlägt, rät ihm der Unternehmensberater, er solle doch erst einmal seine Axt schärfen, damit er effizienter arbeiten könne. Darauf antwortet ihm der Holzfäller, dass er dazu keine Zeit habe, denn er müsse noch einige Bäume fällen. Es gibt Menschen, die diese Geschichte verstehen, aber keine Schlüsse daraus ziehen. Es gibt Menschen, die diese Geschichte nur als Witz begreifen, ohne sie wirklich zu verstehen. Es gibt Menschen, die diese Geschichte überhaupt nicht verstehen und so weiterarbeiten wie bisher, frei nach dem Motto, dass operative Hektik geistige Windstille wettmache. Und es gibt Menschen, die diese Geschichte nicht nur verstehen, sondern auch danach leben. Das sind die erfolgreichen Menschen.

Da ich ein klares Ziel habe und weiß, von welcher Position aus ich starte beziehungsweise wo ich stehe, kenne ich meine Möglichkeiten. Da ich viele **Z**ahlen, **D**aten und **F**akten (ZDF) gesammelt habe und weiß, wie ich meine Chancen nutze, erhöhe ich also die Wahrscheinlichkeit, mein Ziel auch zu erreichen, oder?"

Leider fehlten mir an dieser Stelle die logischen Argumente, die das Gegenteil beweisen könnten, also stimmte ich, was auch sinnvoller erschien, zu.

Wir arbeiteten in den nächsten Stunden an seinem Ziel. Wir verglichen Karten und trugen die Aufzeichnungen, ZDFs und Verhaltensweisen etc. in eine Tabelle ein. Wir zeichneten Schwarmbewegungen mit Jahreszeiten in Karten ein. So vergingen die Stunden und meine Begeisterung wuchs und wuchs, je mehr ich mich in die Thematik vertiefte und dadurch verwertbare Informationen herausbekam. Da mein Chef bereits mit seinen Grundinformationen gute Arbeit geleistet hatte, wurden wir rechtzeitig fertig und legten noch schnell die Strecke für diesen Morgen fest, die sich aus dem Ergebnis unserer Arbeit ergab.

Das Fischen war, soweit ich das nach einem Mal Fischen schon sagen durfte, Routine, nur mit neuen beziehungsweise anderen Fischgründen. Als wir nach zwei Stunden unsere Netze einholten, stockte mir fast der Atem. Wir hatten tatsächlich im Vergleich zum letzten Fang mindestens die doppelte Menge in unseren Netzen. Ich ließ einen Freudenschrei los, sodass mein „Käpt'n" sich mit großen Augen umdrehte und sofort zu mir lief, weil er dachte, es sei etwas Schreckliches passiert. Als er mir ins Gesicht sah, konnte er die Freude sofort erkennen und sagte: „Gott sei Dank, ich dachte schon, es sei etwas passiert!" „Ist es auch! Ist es nicht Wahnsinn, was da gerade in unseren Netzen passiert?" „Nein, Berechnung." Trotz seiner coolen Aussage zeigte sich auch seine extreme Freude in einem breiten und nicht aufhörenden Grinsen.

Die Arbeit an Bord fiel mir ab diesem Zeitpunkt doppelt so leicht wie sonst und selbst das Reinigen der Gerätschaften, des Netzes und des Schiffes erledigte ich mühelos und pfiff vor lauter Stolz unentwegt. Innerlich spürte ich eine unglaubliche Motivation und hätte den ganzen Tag fischen können.

Nach dem Löschen der Ladung, dem Sichern „unseres" Fischerbootes und dem Verkauf des Fangs mit einem extrem hohen Ertrag, wie der „Käpt'n" mir sagte, kehrten wir noch auf ein Bier in die Schenke ein.

Wir tranken müde und dennoch gut gelaunt und hoch motiviert unser Bier, erzählten uns belanglose und oberflächliche Geschichten und bezahlten die Zeche. Bei der Verabschiedung schaute er mich an, bedankte sich für meine Hilfe und fügte noch hinzu:
„Ich weiß, dass Sie heute einen tollen Job gemacht haben. Dennoch möchte ich Ihnen eine Aufgabe mitgeben, damit wir unserer eigentlichen Mission gerecht werden können. Bitte füllen Sie bis nächste Woche Freitag 9:00 Uhr die Erkenntnisse aus der letzten Woche

mit Leben. Was ich meine, ist, dass Sie jetzt für Ihr Vertriebsgebiet alle Informationen heranziehen sollen, die Sie benötigen, um das Verkaufsgebiet ideal bewerten zu können. Im Übrigen", fügte er hinzu, „berücksichtigen Sie, dass Ihre Vorgabe im nächsten Geschäftsjahr, denn das alte läuft ja in drei Monaten aus, um 30 Prozent gesteigert wird."

Mit dieser Aussage konnte er bei mir sicherlich keinen Jubel auslösen. Im Gegenteil, ich fühlte mich nach so einem genialen Tag ziemlich überrannt und die Motivation, die vorher ausgeprägt in mir brodelte, fiel auf eine nicht messbare Größe zurück. Auf der anderen Seite dachte ich mir, dass ich ihm anhand der Zahlen schon würde zeigen und vorrechnen können, dass die neue Vorgabe unrealistisch und nicht erreichbar war. Wir verabschiedeten uns und gingen unserer Wege.

Zu Hause angekommen fing ich an, alle Zahlen, Daten und Fakten, die mir vom Unternehmen und von Marktforschungsinstituten sowie statistischen Bundesämtern zur Verfügung standen, zusammenzutragen und zu vergleichen. Die bereits erstellte Tabelle „Standortbestimmung" aus der vorigen Woche half mir dabei.

Nachdem ich alle Zahlen verglichen und ins Verhältnis gesetzt hatte, konnte ich nun ausrechnen, wie hoch der Aufwand wäre, um die neue Vorgabe zu erreichen. Ich erschrak und freute mich zugleich. Denn um das neue Ziel zu erreichen, müsste der Tag mehr Stunden und das Jahr mehr Tage haben. Mit anderen Worten: So viele Tage hat das Jahr nicht! Innerlich freute ich mich, da ich meinem Chef nun beweisen konnte, dass es nicht möglich war, diese „neue" Vorgabe zu erreichen, und ich stellte fest, dass auch er nur ein Mensch war und mal daneben liegen konnte.

Dieses schriftliche Ergebnis präsentierte ich meinem Vertriebsleiter mit einem süffisanten Lächeln, da ich dachte, ihn in seiner bisherigen Unfehlbarkeit menschlich machen zu können. Er schaute mich an, während ich die Ausarbeitung hinlegte, und lauschte meinen Worten, die da waren: „Die Vorgabe, die ich von Ihnen bekommen habe, kann ich niemals erreichen. Die Zahlen und Berechnungen stehen hier auf dem Papier und zeigen deutlich, dass Sie die Vorgabe korrigieren müssen." Er ließ mich ausreden, machte eine kurze Denkpause, blickte mir in die Augen, ergriff die Ausarbeitung, ohne sie auch nur eines Blickes zu würdigen, und schob sie langsam über den Schreibtisch, bis sie herunterfielen und im Papierkorb landeten. Dabei sagte er mir mit einer ruhigen Stimme: „Sie haben recht. – Pause – Sie haben recht, wenn Sie so weiterarbeiten wie bisher, können Sie es wirklich nicht schaffen. Da Sie ja so weiterarbeiten wie bisher, kann auch das Ergebnis nur so sein wie bisher! Wenn Sie sich allerdings darüber Gedanken gemacht hätten, wie es geht und was Sie anders machen müssen, um das Ziel zu erreichen, wären Sie jetzt bereits einige Schritte weiter. Stattdessen setzen Sie sich hin und überlegen, warum es nicht geht. Wie und warum etwas nicht geht, glauben Sie mir, darüber kann ich Bücher schreiben. Ich sag' Ihnen mal was:

> **Machen Sie sich niemals Gedanken darüber, warum etwas nicht geht, sondern immer nur darüber, was Sie tun müssen, damit es geht.**

Fangen Sie noch mal an", fügte er hinzu. „Dieses Mal überlegen Sie, was Sie tun müssen, damit es geht! Ich gebe Ihnen bis nächsten Freitag Zeit, das Ganze noch einmal zu überarbeiten."

Innerlich kochte ich und verließ wütend und frustriert sein Büro. Schon wieder waren die Abende mit Ausarbeitungen verplant. Na ja, ein Gutes hatte das Ganze – ich konnte endlich mal samstags ausschlafen und musste nicht zum Fischen. Mmh ... eigentlich machte es ja schon Spaß, gerade im Augenblick, wo es so Erfolg versprechend war.

Ich wollte es ja nicht anders, ich wollte den Erfolg und er hatte mir seine Hilfe angeboten und ich hatte zugestimmt. Also, was blieb mir anderes übrig, als mich noch einmal an die Arbeit zu setzen, zumal er, wenn ich ehrlich zu mir selbst war, schon recht hatte. Wie oft suchen wir Gründe, um Veränderungen nicht vornehmen zu müssen oder unser Versagen zu vertuschen, indem wir die Ursachen bei anderen suchen, ohne uns selbst kritisch zu hinterfragen?

Die Aussage von ihm, die mir zu Hause durch den Kopf ging, war: „Top-Fischer sprechen über Ziele, mittelmäßige über Probleme und schlechte über Kollegen oder das Meer." Für den Verkauf trifft dasselbe zu, wobei ich hier das Ganze umformulieren muss.

5.
Ziele erreichen

> **Top-Verkäufer sprechen über Ziele, mittelmäßige über Probleme und schlechte über Kollegen oder den Wettbewerb!**

Wenn ich mir meine Arbeit als Außendienstler einmal anschaue und mich mit den Top-Verkäufern in unserem Unternehmen vergleiche, traf auf mich die erste Zeile eher nicht zu. Nach meiner jetzigen Einschätzung und wenn ich wirklich ehrlich zu mir selbst war, dann beschrieben mich eher die letzten beiden Zeilen. Ich gehörte zum Mittelmaß beziehungsweise zu den Schlechten. Ich wollte alles – nur das nicht.

Also ging ich wieder an die Arbeit, schaute mir beharrlich das von mir erstellte Konzept an und überlegte, wie die Lösung aussehen könnte. Ich notierte mir erst einmal einen guten und bereits bekannten Spruch und legte ihn gut sichtbar über die Ausarbeitung:

Nur wer Ziele hat, kann diese erreichen!

Das Ziel heißt 30 Prozent Umsatzsteigerung. Wenn das mein Ziel ist, muss ich mir zuvor die Frage stellen: Will ich das – will ich das wirklich? Wenn ich das wirklich will, wird mir auch eine Lösung dazu einfallen. Will ich das? Ja. Will ich das wirklich? Ja, ich glaube nicht nur, dass ich das will, ich weiß, dass ich das wirklich will! Ich werde mir selbst beweisen, dass ich das kann. Schließlich hat mein Chef mir vorgemacht, dass man, wenn man etwas will, auch den Weg zum Ziel finden wird.

Ich will!
>**Ich kann!**
>>**Ich werde!**

Zufrieden mit diesem Ergebnis ging ich erst einmal in die Küche, machte mir eine riesige Portion Spaghetti und trank ein Bier zum Essen. Ich setzte mich mit einer zweiten Portion erneut vor meine Notizen und ließ, während ich aß, alles auf mich wirken.

Ich fasste die Informationen, die ich bisher hatte, abstrakt zusammen:
- Ich kenne das Ziel.
- Der Markt bietet das Potenzial, ich muss dem Wettbewerb nur etwas wegnehmen.
- Ich weiß, wo ich stehe.

Und ich weiß, dass ich, wenn ich genauso weiterarbeite wie bisher, das Ziel nicht erreichen kann, da das Jahr nicht so viele Tage zur Verfügung stellt, wie ich bräuchte.

Ich kannte den Ausgangspunkt und mein Ziel. Der Weg dorthin musste nun definiert werden. Dabei stellte ich folgende grundlegende Überlegungen an: Was ist mein Weg und wie kann ich diesen Weg verkürzen? Mein Weg besteht aus meiner Arbeitsweise und meiner operativen Vorgehensweise im Gebiet und beim Kunden. Um das gesteckte Ziel zu erreichen, müssen folglich Vorgehensweise und Arbeitsweise geändert beziehungsweise der Weg optimiert werden.

Wie?

Ich überdachte meine komplette Arbeit und stellte sie infrage. Was muss ich anders machen, um meine Arbeit effizienter zu gestalten? Wo kann ich Zeit einsparen und was muss ich verbessern?

Nach langen Überlegungen und Analysen kam ich zu der Erkenntnis, dass ich zur Zielerreichung folgende Punkte optimieren musste:

- Die Tourenplanung muss verändert werden. Die Fahrten durch mein Verkaufsgebiet müssen geplant und kilometeroptimiert sein, nicht unsystematisch. Dadurch erhalte ich zusätzlich mehr als 35 Prozent verkaufsaktive Zeit, ohne länger arbeiten zu müssen.
- Während eines Termins vereinbare ich bereits den nächsten Termin, um so die Telefonzeit im Innendienst zur Terminierung zu sparen. Das macht einen halben Tag pro Woche aus.
- Ich muss eine Kundenklassifizierung mit einer ABC-Analyse erstellen, um so klare Prioritäten für meine Arbeit im Außendienst zu setzen. Hierfür müssen die Potenziale des Einzelnen genau ergründet werden. Dafür benötige ich eine Checkliste, in der alle Informationen, die benötigt werden, festgelegt sind.
- Pro Tag werden nicht nur zwei, sondern vier Termine angesetzt. Damit das funktioniert, müssen die Gespräche effizienter und kürzer geführt werden. Klare und individuelle Zeitvorgaben werden für jedes Gespräch im Vorfeld festgelegt.
- Kaffeefahrten werden vermieden, auch wenn diese angenehm und „nett" sind.

- Klare Zielsetzungen werden für jedes einzelne Kundengespräch gesetzt. Es muss feststehen, was ich bei dem Kunden will und welches Ziel ich im Gespräch verfolge. Dieses wird im Vorfeld schriftlich fixiert.
- Es finden Jahresgespräche mit Rückblick, Perspektive und klarer Planung mit den Kunden statt. Diese werden mit permanenter Anpassung und Kontrolle im Laufe des Jahres durchgeführt.
- Eine Anzahl der Wochen- und Monatsbesuche wird definiert.
- Es erfolgt eine Festlegung der monatlichen quantitativen Neuakquisitionen.
- Die Angebote werden in ein Verhältnis zum Auftrag gesetzt und die Quote wird durch gezieltere Gespräche und Steigerung der Abschlussqualität von 10 Prozent auf 15 Prozent gebracht. Dies wird durch höhere und klarere Konzentration auf den Abschluss erreicht. Die Abschlussfrage wird immer gestellt.
- Bereits vor der Angebotserstellung müssen dem Kunden grundsätzlich zwei Fragen gestellt werden:
  1. Wann treffen Sie Ihre Entscheidung?
  2. Wie hoch ist Ihr Budget?
- Auf der Grundlage der Antworten wird die weitere Arbeit bestimmt und der Aufwand wird zielgerichteter.
- Ein lebender Drei-Monats-Forecast mit den dazugehörigen Chancen, der Gewichtung und Wins & Losses-Listen wird erstellt.
- Meine vier Außendiensttage werden pro Woche auf viereinhalb gesteigert.

Sowohl die Lösung als auch die Aufgabenstellung hatte ich auf einem Blatt Papier notiert, auf dem ich sofort anfing, sämtliche Punkte, die mir einfielen, mit Leben zu füllen. Ich strich falsch laufende Gedankengänge wieder durch und ersetzte diese durch neue. Mein „Arbeitspapier" glich sehr schnell einer unübersichtlichen Kritzelei, die weder entzifferbar noch nutzbar war. Dann merkte ich, dass diese Vorgehensweise wenig effizient war und ich teilweise am Thema vorbeischrieb. Ich warf die bereits erstellte Ausführung weg und überlegte mir, wie ich effizient an mein Ziel kommen könnte. Mir fiel ein Trainer ein, der bei jeder Aufgabenstellung mit einer Pinnwand arbeitete. Ich nahm also meine Pinnwand und Pinnwandkarten und sammelte erst einmal nur Informationen (die oben aufgeführten Punkte als „Stichworte"). Als ich alle notwendigen Veränderungspotenziale aufgeführt hatte, notierte ich zu jedem einzelnen Punkt Stichworte. Danach brauchte ich nur noch alles mit Leben zu füllen und das Detail zu definieren. Der nötige Aufwand schien mir zuerst höher, es stellte sich jedoch im Nachhinein heraus, dass diese Arbeitsweise höchst effizient und sehr zeitsparend ist.

Nachdem ich schließlich alle Informationen und zu ändernden Vorgehensweisen zusammengetragen hatte, füllte ich diese wie bereits angedeutet mit Leben. Ich erstellte also eine Detailplanung, was ich wie und wann realisieren wollte, rechnete wieder alles zusammen, verglich diese Auswertung mit der Zielsetzung und musste feststellen, dass ich mit der neuen Vorgehensweise eine Punktlandung machen würde. Ein Problem war jedoch noch offen.

Bei den meisten Punkten hatte ich eine Lösung parat, bei einigen nur eine Theorie und bei anderen Punkten brauchte ich Unterstützung. Ich hoffte, dass mein Chef mir gute Tipps geben würde. Am Freitagmorgen stand ich pünktlich um neun Uhr vor seinem Büro und wollte gerade anklopfen, als die Tür von innen aufging und der Geschäftsführer heraustrat, mich begrüßte und hereinbat.

Als ich auch den Vertriebsleiter, meinen Chef, begrüßte, gab er mir die Gelegenheit, mein Laptop aufzustellen und mit dem Beamer in der Besprechungsecke zu verbinden. „Dann schießen Sie mal los, Herr van Sale", sagte der Geschäftsführer und lehnte sich dabei entspannt nach hinten. Meine Nervosität stieg plötzlich ins Unermessliche. Es war für mich sehr überraschend, auch vor dem Geschäftsführer zu sprechen, da ich nicht davon ausgegangen war. Ich dachte: „Hoffentlich habe ich nichts vergessen und nicht unendlich viele Fehler gemacht! Hoffentlich komme ich hier lebend wieder raus!" Ich nahm noch einen Schluck Wasser und präsentierte das Gesamtkonzept zur Zielerreichung und die Herausforderungen, die es zu bewältigen gab. Stufe für Stufe zeigte ich die Chancen, Risiken sowie alle Wege und Einzelheiten meiner zukünftigen Arbeitsweise auf.

Nach der Präsentation stand der Geschäftsführer auf, ging auf mich zu und streckte mir seine Hand mit den Worten entgegen: „Bis heute habe ich noch nie jemanden gesehen, der nicht nur Worthülsen verwendet, sondern konkrete Maßnahmen und Vorgehensweisen sehr detailliert mit einer Zeitplanung und mit einem Stufenkonzept vorstellt. Glückwunsch, Herr van Sale! Sie wissen ja", fügte er weiter hinzu, „gute Vorsätze haben viele – gemessen werden Sie jedoch nur an dem, was Sie tatsächlich tun, und nicht an dem, was Sie vorhaben.

Ich werde nie an dem gemessen, was ich vorhabe, sondern immer nur daran, was ich umsetze!

Lassen Sie es nicht beim Vorhaben, sondern setzen Sie es wirklich um. Bei den Punkten, die Ihrerseits noch offen sind, wird Ihnen Ihr Vertriebsleiter sicherlich weiterhelfen. Ich wünsche Ihnen bei der Umsetzung viel Erfolg." Er verabschiedete sich und verließ nach diesen Worten den Raum.

Mein Verkaufsleiter und ich blieben zurück. Er setzte sich nun an seinen Schreibtisch, während ich meinen Rechner wieder einpackte. „Nehmen Sie bitte Platz, Herr van Sale. Ich möchte mit Ihnen noch ein paar Dinge besprechen", waren seine Worte. Ich setze mich also hin, schaute ihn erwartungsvoll an und er fing auch gleich an, zu reden: „Jetzt sollten Sie das von Ihnen erstellte Konzept sofort umsetzen und alle Fragen, die sich während der Umsetzung ergeben, notieren und diese mit mir freitags von acht bis neun in der Frühe besprechen.

Dann können wir sehr schnell und aktuell Anpassungen vornehmen, ohne unnötig Zeit zu verlieren. Was halten Sie davon?" Ich bestätigte seine Aussage und er fuhr weiter fort: „Um Ihnen bei den Punkten, die noch offen sind, die nötige Unterstützung zu geben, möchte ich mit Ihnen am Wochenende nicht fischen gehen, sondern etwas anderes machen. Was sagen Sie dazu?" Ich willigte sofort ein und wir vereinbarten für Samstag 10:00 Uhr einen Termin.

Beim Rausgehen fühlte ich mich in meiner Arbeit bestätigt und hatte gleichzeitig ein gutes Gefühl, weil wir uns am Samstag erst um 10:00 Uhr treffen würden. Endlich „fast ausschlafen".

6.
Pünktlichkeit

Am Freitagabend traf ich mich noch mit Freunden, die alle im Vertrieb beschäftigt sind, und ich erzählte Ihnen von meiner arbeitsreichen Woche mit Zieldefinitionen, Aufgaben, Vorgehensweise und auch, wie ich das Konzept erstellt und mit Inhalten gefüllt hatte. Ein wichtiger Bestandteil meiner Ausführung waren der Aufbau meines Vortrags und die Präsentation vor der Geschäftsleitung. Bei meiner Ausführung spürte ich, wie mich meine Freunde teilweise mit verständnislosem Blick und auch fragend anschauten, was mich allerdings nicht wirklich störte. Im Laufe des Abends erzählte mir fast jeder meiner Freunde, dass er so etwas noch nie gemacht habe und mehr auf seine Erfahrung als auf ZDF (**Z**ahlen, **D**aten und **F**akten) zurückgreife. Und dennoch sagten sie alle, dass diese Arbeitsweise sicherlich sinnvoll sei, aber ihnen dazu Zeit und Lust fehle. Nach langen und endlosen Diskussionen über das strategische Verkaufen und nach einigen Flaschen Wein verabschiedeten wir uns gegen 2 Uhr morgens voneinander.

Mit der vorhandenen Bettschwere legte ich mich zufrieden ins Bett und schlief ein, ohne den Wecker zu stellen.

Als ich mich morgens im zufriedenen Halbschlaf befand, kam mir der Gedanke in den Kopf, dass ich am Samstag um 10 Uhr einen Termin mit meinem Chef vereinbart hatte. Ich ging die einzelnen Wochentage durch und musste feststellen, dass heute besagter Samstag sein müsste. Schwermütig, schlaftrunken und vom Alkohol des Vorabends gezeichnet öffnete ich meine Augen, um auf meinen Wecker zu schauen. Mein Körper elektrisierte sich binnen einer Zehntelsekunde, wie paralysiert versteinerten sich mein Körper und mein Blick. Wir hatten bereits 9:30 Uhr. Von der einen auf die andere Sekunde war ich hellwach, sprang aus dem Bett und eilte ins Badezimmer. Zum Duschen und Rasieren fehlte mir jegliche Zeit, also beschränkte ich mich auf das Wesentlichste: Waschen, Zähneputzen, Klamotten an und weg. Während der Fahrt überlegte ich mir eine passende Ausrede, die ich zielgerichtet und vor allem überzeugend anbringen könnte, da ich wusste, dass mein Chef auf Pünktlichkeit sehr großen Wert legt. Bei meinen Überlegungen vergaß ich vollkommen, ihn über meine Verspätung zu informieren. Als ich dann mit einer Viertelstunde Verspätung endlich ankam, klingelte ich und wartete, dass mir geöffnet werde würde. Mein schlechtes Gewissen war mittlerweile, als sich die Tür öffnete, am Zenit angekommen. Ich war erleichtert, dass mir seine Frau die Tür öffnete. „Hallo, kommen Sie herein, Herr van Sale, mein Mann erwartet Sie schon seit einer Viertelstunde." Nach einer kurzen Pause ihrerseits führte sie weiter aus: „Ich glaube, er ist ziemlich sauer über Ihre Unpünktlichkeit!" Ich trat ein und ging schweigend zu seiner Bürotür, holte noch einmal tief Luft, klopfte und als ich das „Herein" hörte, öffnete ich die Tür, ging hinein und begrüßte ihn mit gesenktem Kopf. Er stand auf streckte mir die Hand entsprechend entgegen, suchte mit seinem Blick etwas auf seinem Schreibtisch und begrüßte mich kurz und knapp mit den Worten: „Mahlzeit, ich dachte, Ihnen sei etwas passiert ... Na ja, jetzt sind Sie ja da, nehmen Sie Platz."

„Wieso passiert?" erwiderte ich. „Weil Sie nicht anriefen, dass Sie später kommen", konterte er. Beim Setzen merkte ich, wie mir die Röte ins Gesicht schoss und ich fing gleich an, meine ausgedachte Geschichte, inklusive Grund, warum ich nicht anrufen konnte, aufzutischen. Er schaute mich nur an und schwieg. Ich fand, dass alles, was ich gesagt hatte, Hand und Fuß hatte und so steigerte ich mich immer weiter in dieses Thema hinein. Und dass der Akku meines Handys leer war, als ich ihn anrufen wollte, klang auch sehr realistisch. Am Ende meiner Ausführung fügte ich nur noch hinzu: „So war's." Er sah mich nur an, ohne seinen Körper, seine Hände, seine Finger, sein Gesicht oder sonst irgendein Gliedmaß zu bewegen und schwieg dabei. Für mich war diese Situation unendlich lang und unerträglich. Ich fühlte mich verpflichtet, wieder etwas zu sagen, und wiederholte meinen letzten Satz: „Genau so war es! (Pause) … So ungefähr … oder so." Wieder schwieg er und mein Blick konnte seinem nicht standhalten, also blickte ich erst zur Seite und dann nach unten. Die Zeit kam mir vor wie eine Ewigkeit und ich fing wieder an zu reden. Dabei näherte ich mich langsam der Wahrheit, verstrickte mich immer mehr, bis die Wahrheit komplett auf dem Tisch lag. Er schwieg während der gesamten Zeit und zeigte keinerlei Reaktion auf meine Ausführung. Als alles gesagt war, fühlte ich mich auf der einen Seite sehr gut und dennoch ertappt. Auf der anderen Seite stellte ich mir die Frage, warum ich ihm das alles erzählt hatte.

Er lächelte mich mit den Worten an: „Sehen Sie, Herr van Sale, es geht doch! Glauben Sie mir, Ehrlichkeit ist nicht nur im Leben, sondern gerade im Verkauf von großer Bedeutung. Es schafft Vertrauen beim Kunden. Die Wahrheit kommt doch meistens ans Tageslicht und Verspäten kann sich jeder Mensch mal. Es sollte nur nicht zur Regel werden. Ich hatte mal einen Mitarbeiter, der kam grundsätzlich zu spät, und seine Ausrede war immer dieselbe. Er sagte immer, dass er noch mit Kunden telefoniert habe. Alle anderen waren pünktlich, nur er war nur jedes fünfte Mal zur vereinbarten Zeit beim Meeting." „Was haben Sie mit ihm gemacht?", fragte ich unterbrechend. „Da wir jedes Mal auf diesen Mitarbeiter warten mussten, bevor wir mit den wichtigen Punkten beginnen konnten, stieg der Unmut auch bei seinen Kollegen und mein Handlungsbedarf kam in den Fokus meiner Aktivität. Als der Mitarbeiter wieder einmal zehn Minuten zu spät kam, sagte ich zu ihm, dass er an diesem Meeting nicht teilzunehmen brauche und weiteren Meetings, zu denen er wieder zu spät kommen würde, gar nicht mehr beiwohnen dürfe. Ich kann Ihnen sagen, ab diesem Tag fehlte er kein einziges Mal mehr und die Pünktlichkeit war hergestellt.

Ich lernte von meinem Vater am eigenen Leib eine wichtige Verhaltensweise. Wenn Reden nicht hilft und eine Veränderung sich nicht einstellt, sollte ein konsequentes Handeln erfolgen. Er sagte immer:

Betroffenheit schafft Veränderung!

Nicht immer, aber es erhöht die Wahrscheinlichkeit. Mit Reden kommen wir nicht immer weiter. Wenn wir es schaffen, einen Menschen in diesem Kontext betroffen zu machen, erhöhen wir die Wahrscheinlichkeit, dass er eine Veränderung vornimmt. Wenn sich keine Veränderung einstellt, sollten Sie sich immer überlegen, auch um Ihre Glaubwürdigkeit zu behalten, welchen Schritt Sie als nächstes gehen. Egal wie Sie sich entscheiden, bleiben Sie konsequent. Denn wenn Sie dies nicht sind, dann werden Sie die Akzeptanz und die Achtung bei Ihren Mitarbeitern, Freunden oder Familienmitgliedern verlieren.

Ich möchte dennoch mit Ihnen über die Pünktlichkeit sprechen. Sie können durch nichts mehr Ihre Zuverlässigkeit und Glaubwürdigkeit unter Beweis stellen als durch Pünktlichkeit. Ihre Gesprächspartner werden Ihnen die Unpünktlichkeit nach außen hin verzeihen, dennoch wird bei einem wiederholten Mal Ihre Zuverlässigkeit in den Köpfen der anderen extremen Schaden erleiden. Jeder kann sich mal verspäten oder eine terminlich zugesagte Arbeit nicht schaffen. Aber bitte", fügte er energisch hinzu, „informieren Sie die betroffene Person im Vorfeld und nicht erst im Nachhinein. Dann hat jeder Verständnis dafür. Nur dann! Also beim nächsten Mal, was ich nicht hoffe, informieren Sie mich rechtzeitig im Vorfeld und seien Sie dabei einfach ehrlich."

Das saß!

7.
Das Schweigen

Er bot mir einen Kaffee an, und als er mich auf den gestrigen Abend ansprach, unterhielten wir uns über diesen und er meinte, dass das sicherlich heute noch Thema werden würde. Als er für ein Telefonat kurz den Raum verließ, merkte ich, dass der latente Gedanke, warum ich das alles gesagt hatte, nicht aus meinem Kopf verschwand. Wie konnte ich das erzählen? Er hat nicht einmal danach gefragt und ich habe es trotzdem gesagt. Warum, was ist mit mir passiert? Mein Ergebnis der Lösungssuche verlor sich im Nichts, da ich nicht im Ansatz eine Idee hatte. Aus meinem geistigen Ausflug wurde ich wieder zurückgeholt, als mein Chef sein Büro mit den Worten betrat: „Sind Sie soweit? Dann können wir jetzt loslegen."

Ich zögerte kurz, nahm meinen Mut zusammen und sagte ihm: „Ich würde mich gerne mit Ihnen noch einmal über mich unterhalten – wenn das für Sie in Ordnung ist?"

„Selbstverständlich, Herr van Sale!", antwortete er. Er setzte sich ruhig an seinen Schreibtisch mit den Worten: „Das, was ich mit Ihnen heute vorhabe, kann durchaus noch etwas warten. Wenn Sie keine zeitlichen Engpässe bekommen, können wir uns gerne über Sie unterhalten. Womit kann ich Ihnen denn helfen?"

„Mich bewegt im Augenblick eine einzige Frage und vielleicht können Sie mir bei der Lösungsfindung helfen!"

„Welche?"

„Ach, wissen Sie, ich stelle mir die Frage, was mich dazu bewogen hat, die Wahrheit zu sagen, ohne dass Sie in irgendeiner Form nachgefragt haben. Verstehen Sie mich bitte nicht falsch, ich bin froh, dass ich die Wahrheit gesagt habe. Nur: War es vielleicht mein schlechtes Gewissen?"

Er lachte. „Ein Stück weit hat sicherlich Ihr schlechtes Gewissen dazu beigetragen. Aber oft werden Lügen aufgetischt, der Lügner hat ein schlechtes Gewissen und es kommt trotzdem nicht die Wahrheit ans Licht. Als ich Ihre abenteuerliche Geschichte, die Sie in allen Einzelheiten erzählten, hörte, wusste ich, dass diese Story zu perfekt und durchdacht klang. In den meisten Fällen sind Verspätungen profan und simpel – die Menschen haben den Termin verschwitzt, der vorige Termin dauerte länger oder sie haben ihn auf die leichte Schulter genommen. Wenn ich spüre, dass es eine „Geschichte" ist und dann noch vom Geschichtenerzähler der Hinweis am Ende seiner Ausführung kommt, dass es genau so war, wie bei Ihnen, dann möchte ich die Wahrheit herausfinden. Und bisher hat es immer geklappt."

„Wie, Sie haben es bei mir geschafft? Sie haben ja nichts gemacht?" – „Genau! So ist es!" „Wie meinen Sie? Genau so ist es? Da komme ich jetzt nicht mit."

„Ich möchte Ihnen das mal erklären. Hatten Sie schon mal in einer Unterhaltung mit einem Kunden oder auch privat die Situation, dass plötzlich das Gespräch verstummte?" – „Ja klar, das ist eine absolut merkwürdige Situation, die sehr unangenehm ist. Man überlegt sich, was man sagen kann, um diese unangenehme Situation zu retten."

„Stimmt! Hatten Sie auch schon mal die Situation, außer heute, dass Sie hinterher zu sich sagen: – Warum hast Du das alles erzählt?" – „Natürlich, so etwas hat, glaube ich, jeder schon mal gedacht."

„Sehen Sie, Herr van Sale, dahinter steht eine ganz einfache Regel, die viele Menschen unbewusst und ohne Absicht anwenden, weil ihnen im Gespräch nichts mehr einfällt, was sie sagen könnten. Aber wenn Sie diese Regel bewusst einsetzen, dann erhalten Sie Informationen, die der Gesprächspartner Ihnen gar nicht geben wollte."
„Wie meinen Sie das genau?", fragte ich.

Beeinflussung zum Handeln ist auch, wenn nichts gesprochen wird!

„O.k. Was ich damit sagen will, ist, dass ein Mensch, der als Letzter etwas gesagt hat und keine Frage gestellt hat, zwangsläufig nach spätestens fünf Sekunden weiterreden wird. Am Telefon reichen sogar drei Sekunden. Hierzu möchte ich Ihnen zwei Beispiele geben. Ich hatte einen Chef, der, wenn er von einer internen Tagung zurückkam, nicht von selbst erzählte, was da so alles besprochen wurde. Damit ich es herausfand, bediente ich mich dieser Taktik, indem ich erst eine entspannte Unterhaltung begann; wichtig dabei ist, dass die Person viel redet (dies erreicht man, indem man Fragen stellt). Dann stellte ich die Frage: ‚Wie war es eigentlich gestern bei der Tagung?' Er antwortete immer gleich: ‚Gut, wie immer!' Jetzt habe ich ihn angeschaut, ohne dass eine einzige Regung oder Reaktion von mir ausging, und zählte langsam innerlich rückwärts: fünf, vier, drei, zwei, eins. Spätestens jetzt fing er jedes Mal an zu reden und endete immer mit den Worten: ‚Ich weiß nicht, warum ich dir das immer sage.' Ich antwortete immer: ‚Ich auch nicht, aber ich danke dir für dein Vertrauen.' Ein anderes Beispiel möchte ich Ihnen aufzeigen, um es noch verständlicher zu machen. Bei Bewerbungsgesprächen ist dies ein absolut tolles Hilfsmittel, um den Bewerber schnell und effizient kennenzulernen. Ich gehe erst einmal so vor wie die meisten meiner Kollegen. Ich sage erst mal dem Bewerber, dass er sein Leben kurz zusammenfassen und dabei die einzelnen Stationen seines Lebens, also warum der nächste Schritt folgte, beschreiben soll. Das Ende des Vortrags ist bei fast allen Bewerbern identisch. Sie sagen: ‚So, nun möchte ich mich gerne beruflich weiterentwickeln und deshalb habe ich mich bei Ihnen beworben.' Jetzt kommt mein Einsatz beziehungsweise nicht. Der Bewerber hat nun seine Ausführung beendet und wartet ab, welche Fragen ich jetzt stelle. Ich hingegen schaue ihn nur an, sage keinen Ton und zähle wieder langsam von fünf rückwärts. Jetzt erzählt mir der Bewerber in der Regel Dinge, die er mir sonst nicht erzählt hätten. Er weiß zwar hinterher, dass er mehr gesagt hat, als er wollte, aber warum er das getan hat weiß er nicht."

„Wenn ich Sie richtig verstanden habe, schaffen Sie durch das Schweigen eine unangenehme Situation und der Gesprächspartner löst diese unangenehme Situation, indem er weiterredet. Richtig?"

Mein Chef bestätigte diese Aussage und ich führte weiter aus. „Das heißt weiterhin: Wenn ich einem Kunden eine Frage stelle und er mir keine konkrete Antwort gibt, bewirke ich durch mein gezieltes Schweigen, dass er weiterredet und mir letztendlich doch die notwendige Information gibt? Ich möchte noch etwas konkreter werden. Ich frage den Kunden nach dem Wettbewerbsangebot und er will mir nicht sagen, wer es erstellt hat und wie hoch es ist. Dann schaue ich ihn an, zähle von fünf rückwärts und warte einfach ab?" „Ja, genau! Und Sie erhalten mit einer hohen Wahrscheinlichkeit eine weiterführende Antwort", erwiderte mein Chef.

„Wenn jemand allerdings mit mir diese Schweigenummer durchzieht und mir dies auffällt, wie komme ich da wieder raus?"

Mein Chef lehnte sich entspannt nach hinten, trank einen Schluck Kaffee, schaute mich an und sagte: „Was glauben Sie, was Sie tun müssen, um da wieder rauszukommen?"

Nach einer kurzen Überlegung schlussfolgerte ich: „Ich glaube, ich würde eine Frage stellen."

„Genau das sollten Sie tun", antwortete er. Denn mit einer Frage kommen Sie immer wieder aus solchen Situationen raus. Vorausgesetzt, Sie haben genügend

Fragen parat. An dieser Stelle möchte ich Ihnen noch eine wichtige Information mit auf den Weg geben, die genau auf dieses Vorgehen abzielt."

> **Kommunikation findet immer dann statt, wenn ein Mensch das Verhalten eines anderen beeinflusst, auch dann, wenn gezielt geschwiegen wird.**

Plötzlich klopfte es an der Tür und die Frau meines Chefs trat ein. „Meine Herren, es ist bereits 13 Uhr und ich habe etwas gekocht. Habt ihr schon Hunger?" Erst jetzt spürte ich, dass wir bereits den gesamten Vormittag über die Manipulation von Menschen durch Schweigen gesprochen hatten. Wir willigten sofort ein und gingen gemeinsam ins Esszimmer, wo wir während des Essens das Thema weiter ausführten. Seine Frau besaß zu diesem Thema ebenfalls ein unglaubliches Wissen, denn wie sich herausstellte, war sie Kriminalpsychologin und hatte über dieses Thema diplomiert. Es wird in der Kriminalpsychologie bei Verhören angewendet. Nun wurde mir auch klar, woher mein Chef sein unglaubliches Wissen neben außer durch seine ausgeprägte Lebenserfahrung bezogen hatte.

8.
Umsetzungsplanung

Nach dem Essen gingen wir wieder in sein Arbeitszimmer, um über den eigentlichen Grund meines Kommens zu sprechen.

Er holte Kartenmaterial aus seinem Schrank, ein altes und dennoch großes und zerstochenes Holzbrett aus seinem Schuppen sowie Pinnnadeln aus seinem Schreitisch und fing gleich an zu erzählen: „Seit Jahren führe ich, wie ich Ihnen bereits erzählt habe, Buch darüber, wo sich welche Fischschwärme befinden, wie groß diese sind, wie alt der Schwarm ist und so weiter. Nun ist es soweit, dass wir neue und fischreife Fischgründe zum Fischen nutzen. Wir legen die Fischsorten, die gefangen werden sollen, fest, überlegen uns, wie viele wir fangen wollen und auch wann und wo wir wie vorgehen."

Als Erstes befestigten wir die Karte auf dem alten Holzbrett und markierten alle vorhandenen Potenziale. Den gesamten Nachmittag redeten wir über die Möglichkeiten, Chancen, Risiken und Vorgehensweisen beim Fischen. Wir stellten einander unzählige Fragen und gaben uns teilweise selbst die Antwort, recherchierten im Internet oder schlugen in unzähligen Fachbüchern nach.

Als der Abend dann näher rückte, schien die Vorbereitung schon perfekt zu sein. Jetzt dachte ich, dass wir uns verabschieden und uns für das nächste Wochenende verabreden würden, um dann unsere Strategie zum Fischen umzusetzen. Mein Chef schaute mich an und spürte, dass ich nach Hause wollte. Er sagte mit bestimmenden Worten: „So, jetzt haben wir eine sehr gute Vorbereitung geleistet, das Einzige, was jetzt noch fehlt, ist ..." – in mir stieg das Gefühl hoch, dass es noch nicht zu Ende sei. Was sich dann auch schnell bestätigte. – „... wie führen wir das Fischen durch? Welche Werkzeuge werden für dieses Vorhaben benötigt, welches Ziel setzen wir uns und was für Netze müssen wir verwenden?"

Ich schaute ihn fragend an und er führte weiter aus: „Wenn wir so vorgehen wie immer, dann werden wir auch nur das Ergebnis haben wie immer. Also muss alles sehr genau überlegt sein. Ich möchte so wenig wie möglich dem Zufall überlassen." Während er dies sagte, zog er eine alte Holztafel mit einer Größe von 15 × 15 cm und mit einer Inschrift aus seiner Schreibtischschublade heraus. Er reichte mir die Tafel mit den Worten: „Diese kleine Tafel hatte mein Vater immer auf seinem Schreibtisch stehen." Ich las darauf folgende Worte:

Wenn du Fische fangen willst,
gehe nicht in den Fluss und
greife mit den Händen danach,
sondern gehe nach Hause und knüpfe ein Netz.

Chinesisches Sprichwort

Ich war von der Tiefsinnigkeit und Aussagekraft des Sprichwortes total begeistert und ließ meinen Gedanken freien Lauf. „Das heißt, wenn ich ein Vorhaben anstrebe, sollte ich nicht einfach anfangen, sondern mir zuerst Gedanken darüber machen, wie ich das Ziel am schnellsten und effizientesten erreichen kann? Also könnte man diesen Spruch mit der Aussage ‚Operative Hektik ersetzt geistige Windstille' erweitern beziehungsweise ergänzen?" Er lachte laut und herzhaft und nickte dabei.

Als wir dann einige Stunden später mit unserer Arbeit fertig waren, brachte er mich zur Tür und gab mir noch eine Aufgabe mit auf den Weg: „Herr van Sale, ich möchte, dass Sie sich bis nächste Woche Freitag überlegen, wie Sie die Erfahrung von heute auf den Verkauf beziehungsweise auf das Kundengespräch übertragen." Weiter fügte er hinzu: „Die Schweigetechnik brauchen Sie nicht mehr schriftlich zu fixieren, denn wir haben ja bereits ausführlich über die praktische Anwendung gesprochen."

Wir verabschiedeten uns, ich fuhr nach Hause und dort habe ich mir den Tag noch einmal durch den Kopf gehen lassen, um die Kernaussagen schriftlich zu fixieren, damit diese nicht verloren gehen.

Nach dem verdienten Ausschlafen am Sonntag setzte ich mich gleich an meinen Schreibtisch und überlegte mir die passende Adaption auf der Grundlage meiner Erfahrung vom Vortag. Hierfür schrieb ich mir erst einmal die Überschriften auf, um die Hauptthemen differenzieren zu können:

- Schweigen
- Systematische Vorbereitung
- Durchführung

Zum Thema Schweigen hatte mir mein Chef ja gesagt, dass ich dieses nicht neu zu thematisieren brauchte, sondern auf die Wirksamkeit hin einfach mal testen sollte. Also strich ich dieses Thema wieder und konzentrierte mich auf den nächsten Punkt – die systematische Vorbereitung. Nach genauer Überlegung, kurzem Frühstück und zwei Tassen Kaffee musste ich mir eingestehen, dass ich mich bisher auf Termine nicht konkret genug vorbereitet hatte beziehungsweise mir bis zu diesem Zeitpunkt nicht einmal Gedanken darüber gemacht hatte, was ich beim Kunden dezidiert vorhabe. Eine Bemerkung, die mein Chef in einem Nebensatz gemacht hatte, kam mir wieder in den Sinn:

Termine ohne konkretes Ziel sind Kaffeefahrten und Kaffeefahrten sind wie Fahrten ohne Führerschein. Es kann gutgehen oder auch nicht.

Ich erschrak bei diesem Gedanken und wunderte mich, dass ich nicht selbst darauf gekommen war, mich auf Termine richtig vorzubereiten. Also notierte ich sämtliche Punkte, die zur Vorbereitung eines Termins sinnvoll sind.

Themen für eine professionelle Vorbereitung:
- Als Erstes sollte ich mir im Klaren darüber sein, was ich bei meinem Kunden genau will. Warum fahre ich dorthin?
- Wo liegt dabei der Nutzen?
- Welches Ziel verfolge ich dabei?
- Wie ist meine Vorgehensweise?
- Was weiß ich bereits vom Kunden/Interessenten?
- Welche Fragen muss ich stellen, um das Ziel zu erreichen?

- Welche Argumente habe ich, um zu überzeugen?
- Welche Tools muss ich mitnehmen, um zu überzeugen?

Ich erstellte auf der Grundlage dieser Notizen eine kurze Checkliste, die ich mir jedes Mal zur Vorbereitung eines Termins zur Hand nehmen kann, um mir schriftlich ein paar Stichpunkte zur Vorbereitung zu machen. So kann ich vor einem Termin sehr schnell erkennen, ob sich der Besuch lohnt oder nicht, und nach einem Termin, ob ich meine Ziele beziehungsweise mein Ziel erreicht habe. Als ich dann die Arbeit abschloss, wollte ich direkt zum nächsten Punkt übergehen: Durchführung des Termins. Das Einzige, was mir konkret einfiel, war, dass ich das Gespräch führen muss, und zwar mit Fragen. Welche sollte ich stellen? Wie sollte ich sie stellen? Welche Menge an Fragen ist zulässig? Fragen über Fragen, nur nicht eine, die ich für das Gespräch verwenden kann. Ratlosigkeit machte sich bei mir breit. Selbst eine Unterbrechung meiner Arbeit, die ich nutzte, um etwas zu essen, brachte mich nicht aus meiner augenblicklichen Leere heraus. Wenn ich morgen früh mit meinem Chef darüber sprechen würde, würde mein Ansehen bei ihm sicherlich erheblichen Schaden nehmen. Immerhin arbeitete ich bereits einige Zeit als Außendienstler und musste mir nun die Blöße geben, nicht zu wissen, wie ich ein Gespräch vernünftig führe. Mmh, welche Ausrede sollte ich vorbringen? Ich lachte ... wenn ich wieder mit abenteuerlichen Ausreden kommen würde, würde er wieder einmal seine Schweigetechnik anwenden und ich wäre auf einen Schlag entlarvt. Das wäre sicherlich noch peinlicher, als bei der Wahrheit zu bleiben. Also würde ich ihm die Sache so schildern, wie sie war.

Den Rest des Wochenendes verbrachte ich mit Faulenzen und absolutem Nichtstun oder, um es auf Neudeutsch zu sagen, mit Chillen auf hohem Niveau.

Am Montagmorgen ging ich gleich zu meinem Chef und bat um ein kurzes Gespräch. Er willigte ein und ich baute das Gespräch so auf, dass ich erst einmal meine kurzen Erkenntnisse bezüglich der Terminvorbereitung und das Ergebnis in Form einer Checkliste präsentierte. Dann sprach ich direkt und ohne Umschweife mein Problem mit dem Thema „Gesprächsführung" an. Er hörte wie immer sehr aufmerksam zu, stellte ein paar Zwischenfragen und wartete, bis ich meine Ausführungen beendet hatte.

Nun trank er genüsslich und sehr ruhig von seinem Kaffee, lehnte sich wieder zurück und ergriff währenddessen ein paar Unterlagen von seinem Schreibtisch. „Wissen Sie", begann er das Gespräch und lächelte dabei, „ich hatte vermutet, dass Sie mit dieser Aussage oder mit einer suboptimalen Ausarbeitung zu mir kommen. Ich möchte Ihnen gerne eine weitere Hilfestellung geben und habe deshalb gestern etwas für Sie vorbereitet. Es sind Hinweise, wie Sie Verkaufsgespräche optimal führen und nahezu immer Herr der Lage sind. Es handelt sich hier um Fragetechniken, welche es gibt und wo beziehungsweise wann man diese anwendet. Wenn Sie diese Punkte durchgearbeitet haben, erstellen Sie auf dieser Grundlage Ihre neue und angepasste operative Vorgehensweise bei Fragen im Kundengespräch." Er überreichte mir die Unterlagen und stellte mir noch die Frage, ob es noch offene Punkte gäbe. Ich verneinte und bedankte mich in dem Augenblick, als seine Sekretärin ins Zimmer kam, um ihn an seine anstehende Telefonkonferenz zu erinnern.

Mit seinen Unterlagen bewaffnet machte ich mich dann am Abend neugierig und voller Erwartung, was wohl alles in seinen Unterlagen stehen würde, auf den Heimweg. Zu Hause zog ich mir bequeme Klamotten an, machte mir eine Kleinigkeit zu essen, aß in aller (Un-)Ruhe, telefonierte noch mit einem Freund, mit dem ich ein Treffen für Freitag vereinbarte, und machte mich dann an die Arbeit.

Ich setzte mich mit einem frisch aufgebrühten Jasmintee, den ich erst neu erworben hatte, an meinen Schreibtisch, knipste meine Schreibtischlampe an, legte mir Schreibunterlagen inklusive Stift zurecht, fuhr meinen Rechner hoch, nahm einen Schluck Tee und las die Unterlagen, die mir mein Chef gegeben hatte, sorgfältig durch.

Die Bedarfsanalyse

Ich war überrascht, dass in den Unterlagen nur drei Frageformen thematisiert wurden sowie die allseits bekannte Ja-Treppe. Doch bevor ich eigene Interpretationen abgebe, möchte ich an dieser Stelle ohne Filter die von meinem Chef erstellten Unterlagen rezitieren.

Die Fragetechniken gehören zum zentralen Werkzeug aller Außendienstler. Sie dienen der Bedarfsanalyse und ermöglichen dem Verkäufer, zielgerichtet den Bedarf seiner Kunden zu ermitteln, um dann den Nutzen überzeugend zu platzieren. Der Verkäufer schafft es durch diese Methode und vor allem ohne Mutmaßungen, seine Gesprächspartner perfekt zu analysieren, ohne im Gespräch durch wilde Argumentationen inkompetent zu wirken. Die meisten Verkäufer, ich rede hier nicht von den Top-Verkäufern, verfügen durch ihre Routine über ein sehr hohes Wissen und wollen dem Kunden dieses permanent unter Beweis stellen, indem sie reden, reden und noch mal reden und voller Unterstellungen das Gespräch nicht führen, sondern einfach reden. Frei nach dem Motto „Frag mich, oder ich platze!".

Wenn mir jedoch der Kunde auf gezielte Fragen, die ich ihm stelle, seine Antworten serviert, so kann er diese nicht mehr im fortlaufenden Gespräch zerschlagen. Genauso verhält es sich mit einem Arztbesuch. Stellen Sie sich einmal folgende Situation vor: Sie gehen zum Arzt, die Tür geht auf, Sie gehen rein und der Arzt beginnt sofort mit seinen Mutmaßungen. „Guten Tag, Sie haben bestimmt Pfeiffersches Drüsenfieber! – Nein? – Sie haben einen Meniskus-Schaden! – Nein? – Sie haben Fußpilz! – Nein? – Sie haben bestimmt Kopfschmerzen! – Nein? – Sie haben Magengeschwüre! – Nein? – und so weiter."

Was halten Sie von diesem Arzt? Mit Sicherheit dasselbe wie ich: Nichts! Denn er mutmaßt, ohne seinen Patienten zu untersuchen, um dann erst die Diagnose zu stellen. Genauso verhalten sich die schlechten bis mittelmäßigen Verkäufer, die letzten Endes im Markt überwiegen. Sie geben dem Kunden sämtliche Argumente an die Hand, ohne die Beweggründe und den tatsächlichen Bedarf zu ermitteln. Alle Topseller, und damit meine ich wirklich die Topseller, ermitteln zuerst ganz gezielt den Bedarf und bauen dann ebenso gezielt ihre Argumentation darauf auf. Sie nutzen die Technik des guten Arztes, indem sie ganz gezielte Fragen stellen. Denn nur, wer fragt, erweitert sein Wissen, und Wissen ist nun mal Macht. Auch wenn diese Methode erst einmal aufwendiger wirkt als das typische „Labern" der meisten Verkäufer, ist sie abschluss- und zielorientierter. Sie heben sich auch stark vom Wettbewerber ab. Hierbei kommen weiterhin folgende Punkte zum Tragen:

Wer fragt …

- … führt und steuert ein Gespräch. Nicht der, der redet, führt ein Gespräch, sondern nur die Verkäufer, die gezielte Fragen stellen. Denn nur durch Fragen kann der Verkäufer das Gespräch steuern. In jede Richtung.
- … erfährt schneller den Bedarf, die Wünsche und die Probleme seiner Kunden. Der Verkäufer kann nicht über Mutmaßungen die Wünsche, die Probleme und den Bedarf seiner Kunden erfahren, sondern ausschließlich über Fragen.
- … hat bessere Termine. Die typischen „Kaffeefahrten" werden auf ein Minimum reduziert und die Gespräche werden eindeutig effizienter und kompetenter.
- … kann seine Termine verkürzen. Durch zielgerichtete und vorbereitete Fragen wirken die Gespräche nicht wie Irrfahrten ohne Führerschein und die typischen unangenehmen Pausen verschwinden.
- … beweist seine Bescheidenheit und erhöht die Sympathie bei seinen Gesprächspartnern. Der „Laberer" hat oft einen schweren Stand, da Kunden solche typischen Verkäufer nicht mögen. Frei nach dem Motto „schon wieder so ein Laberkopp".

- … meistert brillant seine Einwände und hat vor allem keine Angst davor. Da die Bedarfsanalyse sehr umfassend ist, weiß der Verkäufer ganz genau, wo es klemmt und hakt.
- … kann zielgerichtet und ohne dass der Kunde es merkt, diesen mit einer Frage unterbrechen und ihm wieder eine neue Richtung geben. Wichtig ist hierbei, dass der Kunde nach der Unterbrechung weiterreden kann.
- … kommt grundsätzlich schneller zum Abschluss.

Wenn ich das als Verkäufer alles beherzige, lasse ich lieber den Kunden reden, zumal …

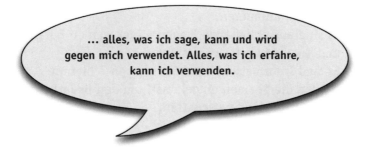

Die Fragetechniken werden wie ein Trichter angewendet, vergleichbar mit einem Gespräch, welches sich ebenfalls immer mehr verdichtet. Je weiter das Gespräch fortschreitet, desto gezielter und verdichteter werden die Fragen. Hierbei sollten die nachstehenden Fragetechniken angewendet werden.

Offene Fragen

Gespräche beginnen nach dem üblichen Warm-up immer mit offenen Fragen. Die offenen Fragen sind die Königs-disziplin der Fragetechniken. Viele glauben, dass sie diese anwenden, tun dies in der Realität jedoch aus-gesprochen selten. Mit der offenen Frage eröffnen wir das Gespräch mit unseren Kunden, also aktivieren wir unseren Gesprächspartner und er muss mit mehr als nur Ja oder Nein antworten. Hierbei erhalten wir ein breites Wissen über unsere Kunden. Offene Fragen werden für folgende Informationen verwendet:

- Es sind eröffnende Fragen – sowohl um das Gespräch zu eröffnen als auch um den Gesprächspartner zum Reden zu animieren.
- Es sind aufschließende Fragen – hier werden Details und Themen weiter verdichtet.
- Es sind Informations- und Suchfragen – hiermit werden die Themen eingekreist, um den Bedarf exakt zu ermitteln und zu schaffen.

Diese Informationen werden mit nachstehenden Ein-stiegswörtern abgefragt und beginnen *immer* mit den Wörtern:

Wann, wie, wo, wodurch, was, weshalb, warum, welche, wer, wieso, weswegen etc. Selbst Fragen, die mit „in-wieweit" oder „inwiefern" beginnen, gehören zu den offenen Fragen.

Man nennt offene Fragen üblicherweise W-Fragen. Sobald eines der genannten Wörter an den Anfang gesetzt wird, entsteht grundsätzlich eine offene Frage. Diese Fragen werden vorwiegend zu Beginn eines Gespräches gestellt.

Nachdem ich mir den ersten Teil durchgelesen hatte, musste ich diesen Bereich nur noch auf die Praxis übertragen. Ich überlegte mir, welches die wichtigsten Fragen sind und wie diese am besten formuliert werden, sodass sie auch wirklich offene Fragen sind. Ich teilte den Bereich der offenen Fragen in zwei Teile auf.

Stammfragen: Dies sind Fragen, die nur ein Mal (beziehungsweise ein Mal im Jahr) gestellt werden und sich wenig beziehungsweise selten ändern.

Temporärfragen: Dies sind Fragen, die entweder eine begrenzte Halbwertszeit haben, objektbezogen sind oder sich von Besuch zu Besuch ändern können.

Meine Stammfragen

Neben Firmenanschrift, Gesellschaftsform, Ansprechpartnern mit Positionen kamen folgende Stammfragen zusammen:

- Welche Personen entscheiden mit bei dieser Investition?
- Wer sind derzeit Ihre Lieferanten?
- Wie viele Projekte beziehungsweise welches Einkaufsvolumen haben Sie jährlich?
- Wie groß sind diese Projekte?

- Worauf legen Sie besonderen Wert?
- Was ist Ihnen besonders wichtig?
- Wie hoch ist bei Ihnen die jährlich benötigte Menge?
- In welchen Abnahmemengen bestellen Sie?
- Wie laufen bei Ihnen die Entscheidungswege?
- Wie hoch ist Ihr Budget?
- Was erwarten Sie vom neuen Lieferanten?
- Was würden Sie bei Ihrem derzeitigen Lieferanten ändern, wenn Sie könnten? Hiermit stelle ich die Frage „Was läuft derzeit bei Ihrem aktuellen Lieferanten schief?" – nur etwas geschickter.
- Was erwarten Sie von mir in der Betreuung?

Meine Temporärfragen

- Wie groß ist das aktuell benötigte Volumen (Projekte, Menge oder Ähnliches)?
- Wo liegt der Wettbewerber vom Preis?
- Wer ist/sind unser(e) Wettbewerber?
- Wann benötigen Sie die Ware?
- Was ist bei der aktuellen Lieferung zu beachten?
- Wann treffen Sie Ihre Entscheidung?

Geschlossene Fragen

Es handelt sich hier um eine Frageform, die der Gesprächspartner nur mit Ja oder Nein beantworten kann. Die geschlossenen Fragen sind die Fragen, die am häufigsten gestellt werden, und der Kunde antwortet interessanterweise oftmals offen. Man sollte jedoch bedenken, dass beim chronischen Stellen der geschlossenen Fragen der

Kunde sehr schnell spürt, dass er ausgefragt wird. Die geschlossenen Fragen sollten nur ganz gezielt eingesetzt werden. Der Einsatzbereich beschreibt folgende Phasen:

- **Bestätigungsfragen:** Hier wird das vom Kunden Gesagte noch einmal kurz wiederholt, um es bestätigen zu lassen. Zum Beispiel: „Habe ich Sie richtig verstanden, dass Sie sehr großen Wert auf … legen?" Oder: „Ist es richtig, dass die Entscheidung von den zu klärenden Punkten abhängt?"
- **Abschließende Fragen:** Diese Fragen werden verwendet, um in die nächste Phase eines Gespräches zu gehen, wie zum Beispiel als Überleitung zum Abschluss: „Gibt es zum Angebot noch offene Fragen?"
- **Aufbau der Ja-Kette:** Der Aufbau einer Ja-Kette kann einen entscheidenden Einfluss auf die Grundsatzentscheidung des Kunden haben. Hierbei sollten Sie versuchen, durch gezielte Fragen, die in der Regel auf die Antworten des Gesprächspartners zielen, sich so viele Jas wie möglich abzuholen. Bei einer Zusammenfassung kann diese Technik genutzt werden. Beispiel: „Gut, dann fassen wir das Gespräch noch einmal kurz zusammen. Sie sagten, dass Sie großen Wert auf eine leichte Bedienung legen?" – „Ja!" – „In der Vorführung zeigte ich Ihnen das leichte Handling." – „Ja!" – „Des Weiteren wollten Sie die Entscheidung von dem Ergebnis Ihrer Anforderung an die Technik abhängig machen?" – „Ja!" – „Die Investition sollte nicht höher als 20.000 Euro sein?" – „Ja!" – „Wurden alle Punkte zu Ihrer Zufriedenheit gelöst?" – „Ja!"

Jetzt sollte der nächste Schritt – der Abschluss – eingeleitet werden.

- **Abschlussfragen:** In der Abschlussphase sollten in jedem Fall geschlossene Fragen gestellt werden. Dieser Bereich wird später noch gesondert und genauer analysiert und beschrieben.

Für mich zeigte sich nun, dass die geschlossenen Fragen nur dann verwendet werden sollten, wenn ich klare und eindeutige Antworten haben will, um dem Kunden keinen oder nur sehr geringen Spielraum zu lassen. Je mehr ich darüber nachdachte, desto mehr fiel mir auf, dass ich mehr geschlossene Fragen als offene Fragen im Gespräch stellte. Dies lag wahrscheinlich daran, dass die geschlossenen Fragen in einem unvorbereiteten Gespräch schneller im Kopf präsent sind. Die Gespräche glichen dadurch eher einem Small Talk als einem professionellen Gespräch.

Um die Gedanken sacken zu lassen, stand ich auf, ging in die Küche, um mir noch etwas von meinem Jasmintee zu holen, und setzte mich mit dem Blick ins Leere wieder an meinen Schreibtisch.

Bei meinen Überlegungen und dem Sinnieren über meine Vorgehensweise fiel mir auf, dass ich einige dieser Punkte, wie beispielsweise die Ja-Treppe, bereits unbewusst anwende, allerdings nicht konsequent genug und zu wenig zielgerichtet. Also nahm ich mir vor, zukünftig bewusst darauf zu achten, die einzelnen Fragetechniken bewusster einzusetzen. Ein weiterer Punkt fiel mir auf, und zwar, dass ich bereits öfter nach einem Gespräch bemerkt habe, dass ich vergessen hatte, einige Informationen zu erfragen. Teilweise rief ich den Kunden im Nachhinein noch einmal an, um mein Bild der Bedarfsanalyse zu vervollständigen. Damit dies zukünftig nicht mehr passieren würde, sammelte ich die Fragen in einer Checkliste für eine Gesprächsgrundlage.

Ich nahm noch einen Schluck Tee, machte mich an die nächste Frageform und las mir die geistigen Ergüsse meines Chefs sehr aufmerksam durch.

Alternativfragen

Bei den Alternativfragen handelt es sich um Fragen, die dem Gesprächspartner mehrere Möglichkeiten zur Verfügung stellen. Diese Frageform wird genutzt, um den Ansprechpartner in eine von mir bestimmte Richtung zu lenken. Es sind also Möglichkeitsfragen oder auch Variantenfragen, die grundsätzlich das Wort „oder" beinhalten. Alternativfragen werden sowohl bei Gestaltung, Mengen und Terminen als auch in der Abschlussphase verwendet. Hier ein Beispiel für die Terminierung: „Die Komplexität scheint ja doch größer zu sein, als ich dachte. Wir sollten uns auf jeden Fall, bevor Entscheidungen getroffen werden, noch einmal zusammensetzen, ich bin nächste Woche sowieso in Ihrer Nähe. Wie sieht es bei Ihnen aus, können Sie eher am Montag oder am Mittwoch?" Hierdurch bewegen wir den Kunden in einem von uns vorgegebenen Korridor, der oft in einer positiven Antwort seine Bestätigung findet.

Hier nun ein paar Beispiele für die praktische Anwendung:

- Möchten Sie lieber 200 oder 300 Einheiten?
- Wann sollen wir liefern – in drei oder vier Wochen?
- Ab wann möchten Sie anfangen zu sparen – morgen oder bereits heute?
- Bevorzugen Sie das blaue oder das rote Gerät?
- Wohin möchten Sie die Ware geliefert bekommen – ins Büro oder lieber direkt zum Kunden?

Der Effekt dieser Frageform ist im Gespräch sehr hoch und wird sehr oft in der Abschlussphase genutzt.

Die gesamten Fragen sollten in Trichterform gestellt und systematisch angewendet werden.

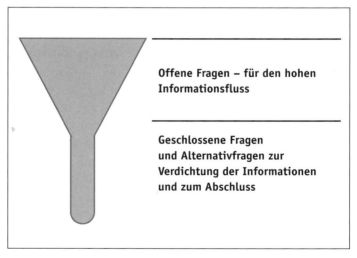

Abbildung: Fragetechniken in Trichterform

Es gibt noch eine Reihe weiterer Frageformen und Techniken, die ich an dieser Stelle nicht weiter ausführen möchte, da sie für den erfolgreichen Verkäufer weniger von Bedeutung sind.

Den Rest des Wochenendes verbrachte ich mit Chillen, Spaziergängen, Surfen im Internet und mit meiner Vorbereitung der kommenden Woche. Als ich mir am Montag im Büro die restlichen Unterlagen für die Woche holen wollte, traf ich im Flur meinen Verkaufsleiter, der mich kurz in sein Büro bat. Dort angekommen und nach dem üblichen Austausch von Freundlichkeiten fragte er mich, ob ich noch Fragen zu seiner kurzen Ausarbeitung hätte. Darauf zeigte ich ihm meine selbst erstellte Checkliste mit den offenen Fragen und fügte hinzu, dass ich nicht dachte, dass die Gesprächsführung in der Theorie so einfach sei. Er lachte laut und meinte, dass die Theorie sicherlich sehr einfach, die Umsetzung hingegen schwieriger sei, als man glaube. Meine Checkliste sei in der Anwendung eher suboptimal, da der Kunde sich nicht individuell beraten fühle, wenn neben dem Verkäufer eine Liste mit abzuarbeitenden Fragen läge. „Was soll ich denn sonst machen, damit ich die Fragen im Gespräch nicht vergesse?", entgegnete ich ihm.

Er ging mit seinem Oberkörper nach vorne und lehnte sich mit den Ellenbogen auf seinen Schreibtisch, schaute mich mit geradem Blick an und sagte mit überzeugendem Tonfall: „Die Bedarfsanalyse ist die wichtigste und entscheidendste Phase im gesamten Verkauf. Sie entscheidet über Kompetenz oder Inkompetenz und Auftrag oder Nichtauftrag. Wenn Sie nicht möchten, dass der Kunde zu Ihnen bei der Angebotspräsentation sagt: ‚Das habe ich mir aber anders vorgestellt!' oder: ‚Das ist mir alles viel zu teuer!' etc., dann sollten Sie genau in dieser Phase konzentriert sein und alle wichtigen Stamm- und Temporärfragen stellen, die Sie benötigen, um den Bedarf des Kunden ideal zu ermitteln. Grundsätzlich sollten Sie alle Fragen auswendig kennen. Als weiteren Punkt sollten Sie wissen, dass Gespräche, selbst wenn diese von Ihnen durch Fragen geführt werden, durchaus in eine andere Richtung laufen könnten und bei Ihnen dadurch einige Fragen in Vergessenheit geraten. Damit dieses nicht passiert, sollten Sie Ihre Fragen nicht als Checkliste, sondern in der Schriftgröße 16 Punkt auf ein DIN-A4-Blatt geschrieben in Ihren Timer legen. Sie können, ohne dass Ihr Kunde dies bemerkt, mitten im Gespräch die Seite kurz aufschlagen, einen Blick darauf werfen, sie wieder zuschlagen, und schon haben Sie Ihren Faden wieder. Ich kann Ihnen sagen, dass ich das heute noch genauso mache, da ich nicht möchte, dass ich Informationen nicht erfragt habe und beim Kunden der Eindruck von Inkompetenz entsteht."

Ich dachte kurz nach und tatsächlich fielen mir bei genauer Überlegung Situationen bei gemeinsamen Terminen mit unseren Kunden ein, in denen er ein oder zwei Mal im Gespräch seine Unterlagen in die Hand nahm, um etwas nachzuschauen. Damals hatte ich mir nichts weiter dabei gedacht und es auch sofort wieder ausgeblendet.

Er fügte weiter hinzu: „Jetzt wissen Sie, wie Sie Ihre Gespräche mithilfe von Fragen effizienter führen können, Herr van Sale. Kommen wir nun zur Anwendungstechnik. Es gibt Verkäufer, die die Fragen wie vorgelesen und ohne Emotionen runterrasseln. Dies wirkt aus meiner Sicht sehr statisch, künstlich und semiprofessionell. Wir können die Aufmerksamkeit eines Kunden durch nichts mehr steigern als durch Interesse. Sobald wir dem Kunden Interesse an seinen getätigten Aussagen signalisieren, ist er bereit, uns mehr Informationen zu geben, als er es vielleicht ursprünglich vorhatte. Es gibt hier einen kleinen einfachen Trick, den wir anwenden können. Als Erstes sollten wir uns für ihn wirklich interessieren und als Zweites sollten wir die Fragen nach der Columbo-Methode stellen." „Wer ist Columbo?", fragt ich spontan. „Ist das ein Verkaufsprofi?" „Nein, Colombo ist ein Fern-sehkommissar, der seine Fragen immer so stellt, als ob er diese gerade konstruiert und sie ihm zufällig eingefallen sind. Er wirkt dadurch sehr authentisch und begreifbar – und nicht wie die meisten Kommissare (natürlich auch Verkäufer) abgeklärt. Sie sollten also versuchen, egal wie oft Sie eine Frage schon gestellt haben, die Frage so zu stellen, als sei diese sehr individuell und aus dem Gespräch entstanden. So bekommen Sie sogar Kunden zum Reden, denen man sonst alles aus der Nase ziehen muss. Wobei Sie sich auf offene Fragen konzentrieren müssen, denn wenn Sie geschlossene stellen, erhalten Sie geschlossene Antworten, das Gespräch kommt nicht in Gang und der Kunde merkt, dass Sie ihn ausfragen."

„Ja, aber es gibt doch so viele Kunden, die dann nicht mehr aufhören zu reden und vom Hölzchen aufs Stöck-chen kommen? Was mache ich denn mit denen?"

„Sie können Menschen unterbrechen, wie ich es bereits kurz beschrieben habe, jedoch nur dann, wenn Sie eine Frage stellen. Wichtig ist hierbei, dass der Kunde nach Ihrer Frage sofort weiterreden kann. Nur dann und wirklich nur dann fällt diese Unterbrechung dem Kunden nicht auf. Die meisten Verkäufer unterbrechen den Kunden, weil sie sich mitteilen wollen, und texten den Kunden nach dem Motto ‚Frag mich oder ich platze!' dann so zu, dass das Ins-Wort-Fallen auffällt. Wie gesagt, Sie können unterbrechen, wenn Sie eine Frage stellen. Ich möchte Ihnen einfach ein Beispiel zeigen, wie das ablaufen könnte. Der Kunde kommt vom Hölzchen aufs Stöckchen und hört mit seinem Monolog nicht auf. Sie gehen jetzt einfach mit den Worten dazwischen: ‚Ich möchte noch mal kurz auf den Punkt Ihrer Anforderungen kommen. Worauf legen Sie denn besonderen Wert bei der Ausführung?' Nun haben Sie den Kunden ganz gezielt wieder in den Korridor Ihrer Bedarfsanalyse zurückgebracht und er wird mit Freude mit der Beantwortung Ihrer Frage weitermachen. Testen Sie es und Sie werden überrascht vom Ergebnis sein.

Und denken Sie immer daran, Herr van Sale, dass Sie nur etwas erfahren können, wenn Sie fragen. Und dabei kann und wird alles, was Sie sagen, gegen Sie verwendet und das, was Sie erfahren, können Sie verwenden."

88

Wir verabredeten uns wieder für das Wochenende zum Fischen, legten die Uhrzeit fest und ich ging dann motiviert für die Woche und voller Spannung, wie wohl die Umsetzung bei meinen Kunden funktionieren würde, aus seinem Büro. Ich schmiss meine erstellte Checkliste weg, erstellte mir ein Blatt mit allen Fragen in 16-Punkt-Größe geschrieben, legte diese in meine Verkaufsunterlagen, und zwar auf die letzte Seite, sodass ich mir im Verkaufsgespräch die Fragen noch einmal schnell und unauffällig vergegenwärtigen konnte. Dann stellte ich noch schnell die benötigten Prospekte, Unterlagen und Angebote für die Woche zusammen und machte mich auf den Weg.

Sehr schnell stellte ich fest, dass die Gespräche plötzlich eine komplett neue Qualität erhielten und die Kunden mir sehr viel mehr Informationen gaben als sonst, welche ich für meine spätere Argumentation benötigte und nutzen konnte. Ich fühlte mich in der neuen Rolle sehr wohl, da ich weniger redete und mir nicht mehr so viel einfallen lassen musste, um das Gespräch am Laufen zu halten.

Als ich mich am Freitagabend wieder einmal mit meinen Freunden traf, nahm ich sehr schnell noch einmal Bezug auf unser letztes Treffen, wo mir alle erzählt hatten, dass sie keine Zeit hätten, das Konzept bezüglich Planung und Anpassung der operativen Vorgehensweise so anzugehen, wie ich es erstellt hatte. Nachdem mir dieser Punkt abermals seitens meiner Freunde bestätigt wurde, nutzte ich das chinesische Sprichwort, welches ich zwischenzeitlich erfahren hatte, um die Arbeit, die ich erstellte, als sinnig darzustellen:

Wenn du Fische fangen willst,
gehe nicht in den Fluss und
greife mit den Händen danach,
sondern gehe nach Hause und knüpfe ein Netz.

Chinesisches Sprichwort

Und ich fügte hinzu, dass sich meine Freunde in derselben Situation befinden wie ein Mann im Wald, der die Bäume mit einer stumpfen Axt schlägt und sagt, er habe keine Zeit, seine Axt zu schärfen. Alle meinten nach einer kurzen Denkpause einstimmig, dass es bei ihnen etwas anderes sei und man die Situationen nicht miteinander vergleichen könne. Außerdem stünde das Ergebnis in keinem Verhältnis zum Aufwand. Ich fragte Sie nun, woher sie ihre Weisheit bezögen, ob sie es bereits in dieser Konsequenz durchgezogen und dadurch Vergleichswerte hätten oder ob es nur eine Vermutung sei, um sich die Arbeit und die daraus resultierende Veränderung zu sparen. Weiter fügte ich hinzu: „Wenn ihr so weitermacht wie bisher, kann auch nur das Ergebnis erzielt werden wie bisher. Wenn ihr das Ergebnis eurer Arbeit ändern wollt, müsst ihr auch die Vorgehensweise ändern. Ihr selbst entscheidet, wo ihr hinwollt, nicht ich. Die Entscheidung liegt allein bei euch. Gebt auch nicht den anderen die Verantwortung dafür." Als ich plötzlich eine gewisse Unruhe bei meinen Freunden feststellte und ich nicht als Missionar abgestempelt werden wollte, wechselte ich das Thema und wir frönten wieder dem entspannten Feierabend.

Am Samstagmorgen klingelte um 4 Uhr mein Wecker und ich sprang voller Elan aus meinem Bett, machte die Espressomaschine an, sprang unter die Dusche, zog mich an, trank noch schnell einen doppelten Espresso und fuhr los.

9.
Das Echolot und die Netze

Als ich pünktlich ankam, stand mein Chef bereits vor seinem Fahrzeug und lud ein paar Dinge in den Wagen, von denen ich erkennen konnte, dass es sich um Proviant und Kartenmaterial handelte. Wir begrüßten uns, so wie man es eben um diese Uhrzeit überhaupt kann, stiegen ein und fuhren los. Da wir bereits schon einige Male fischen gewesen waren und uns schon näher kannten, konnten wir auf die typisch höfliche Anstandskonversation verzichten, zumal es noch zu früh war und sämtliche Betriebstemperaturen, von der physikalischen bis hin zur geistigen, bei Weitem noch nicht erreicht wurden.

Wir schwiegen den gesamten Weg und ich war mir sicher, dass es auch für meinen Chef angenehm war, mal nicht zu reden, da er müde wirkte und dennoch konzentriert auf den Straßenverkehr achtete. Mehr war für ihn in diesem Augenblick auch nicht nötig.

Als wir am Hafen angelangt waren, fingen wir, nachdem wir alles verstaut hatten, sofort mit unseren unterschiedlichen Aufgaben routiniert und schweigend an. Nachdem er sich seine Karten zurechtgelegt hatte, legten wir ab und fuhren an eine mir bisher unbekannte Stelle. Er warf den Anker, holte zwei Tassen aus der Kajüte, nahm seine mit Kaffee gefüllte Thermoskanne, schenkte uns ein und schaute, nachdem er den ersten Schluck aus seiner Tasse zu sich genommen hatte, auf das weite Meer hinaus. Das Wetter war klar, der Himmel blau und die glutrote Sonne tauchte gerade aus dem Meer auf. Wir konnten sie durch die klare Luft und das absolut ruhige Meer, welches einer marineblauen, flachen Scheibe glich, die die Sonne in ihrer absoluten Vollendung spiegelte, förmlich greifen.

Dieser Augenblick war gewaltig, übermächtig, spirituell, schutzlos ausgeliefert und behütend zugleich. Er erweckte in mir Angst, Mut und Zufriedenheit gleichzeitig. Ich genoss diesen mir fremden und dennoch glücklichen Augenblick schweigend und schaute dabei in die gefühlte Unendlichkeit. Auch heute denke ich noch, gerade in extremen Stresssituationen, bewusst und ganz gezielt an diesen atemberaubenden Moment der gewaltigen Stille zurück und merke dabei, wie meine Stimmung und meine Gefühle mit allen Emotionen in eine absolute Ruhephase zurückfallen und der Stress verfliegt. Wie meine Gedanken sich neu sortieren und wie mein innerer Blick wieder an Klarheit und Oberhand über mein hektisches Dasein gewinnt. Wir genossen die Zeit an Bord, bis die Sonne komplett das Meer verließ, um ihre Bahn zu ziehen.

Langsam verstaute er seine Tasse, nahm mir meine aus der Hand und meinte zu mir: „Erinnern Sie sich noch, Herr van Sale, als wir die Planungen der potenziellen Fischgründe vornahmen?" Eine Antwort konnte ich ihm nicht geben, da er diese Frage eher als rhetorische Frage ansah und sofort weitersprach. „Das ist der Grund, warum wir heute hier sind. Unsere Planung von damals wird nun Realität."

Nun ließ er die Maschinen an und schaltete irgendein mir bisher unbekanntes Gerät ein. Als ich ihn fragte, was das sei, sagte er, dass es sich um ein Echolot speziell für Fischschwärme handelte. Das Gerät zeige ihm, wo sich derzeit die Schwärme befinden, die er zuvor in seinen Karten verzeichnet und archiviert hatte. Da Fischschwärme wandern und eher selten an genau derselben

Stelle verharren, bis sie gefischt werden, wolle er ja nicht seine Netze auf gut Glück auswerfen, um im Trüben zu fischen, sondern mit Sinn und Verstand arbeiten. Weiter führte er aus, dass er sich, bevor er überhaupt anfängt zu fischen, erst einmal überlegt, was für einen Fisch er fischen möchte. Anschließend lege er die Menge, die er fischen möchte, fest, und wähle das entsprechende Netz, welches er benötige, aus. Jetzt sah er meinen fragenden Blick. „Bin ich zu schnell in meiner Ausführung?", reagierte er sofort? „Ja, man weiß doch noch gar nicht, wie viel und was man an diesem Tag fischen wird! Da fehlt mir einfach die Logik!", fügte ich noch hinzu.

„Dafür plant man im Vorfeld und macht sich immer wieder Notizen, und zwar vor, während und nach dem Fischen. Man sollte sich und alles, was man tut, immer wieder infrage stellen und die Notizen, die man erstellt hat, vor dem nächsten Fischen noch einmal kurz durchlesen und aus den Erfahrungen lernen und zielgerichtet agieren. Wenn ich mittelmäßige Fischer sehe, die sich ausschließlich auf die gefühlten Erfahrungen, die sie in ihren Köpfen haben, verlassen, stelle ich fest, dass diese immer nur den Augenblick und die momentane Situation sehen, und ihre Mittelmäßigkeit wundert mich nicht. Man sollte sich immer mit notierten Fakten wie den Fischgründen und dem Schwarmverhalten beschäftigen und genau so verhält sich auch der Vertrieb."

Während wir weiter zu den „neuen" Fischgründen schipperten und die Nähe der Gründe erreichten, schaltete er sein Echolot ein und erzählte mir seine Geschichte, wie er das Echolot oder besser das Prinzip des Echolots im Vertrieb nutze. „Das Echolot ist für mich nicht nur dafür da, dass man Fischschwärme aufspürt, es dient dem Monitoring, also der Überprüfung, ob alle Planungen und die im Vorfeld erstellten systematischen Vorgehensweisen zur Zielerreichung führen. Ich möchte nicht in Arbeit investieren, bei der ich nur vermute, erfolgreich zu sein. Denn wenn ich bereits zu Beginn oder auch mittendrin feststelle, dass die Arbeit nicht zu dem geplanten Ergebnis führt, muss ich das Vorhaben abbrechen oder aber an die neue Situation anpassen. Nur so kann ich höchst effizient in meinem Tun sein. Dies ist einer der wichtigsten Punkte für den dauerhaften Erfolg. Sicherlich spielt auch die Erfahrung eine große Rolle, aber Sie wissen ja, Glück lässt sich durch systematisches Vorgehen, Wissen und permanentes Reflektieren des eigenen Tuns stark kompensieren. So einfach ist das. Und ein solches Vorgehen – die Fachleute sprechen gerne von Monitoring – kann ich immer nur dann professionell durchführen, wenn ich auch dementsprechend die wichtigsten Zahlen, Daten und Fakten (ich nenne sie einfachheitshalber ZDF) notiert habe. Grundsätzlich werte ich nach dem Fischen alle meine Ergebnisse anhand meiner Planung aus und lege meine neue und angepasste Arbeitsweise fest. Sollten dann aber, trotz aller Planungen, die Netze mit zu großen Fischen gefüllt sein, die ich weder verarbeiten noch verwenden kann, oder aber zu viele Fische im Netz sein, sodass dieses reißt, dann kann ich bei der nächsten Ausfahrt zielgerichtet agieren. Mit dieser Methode komme ich auch als Verkäufer aus dem permanenten Reagieren auf alles, was kommt, zum selbst gesteuerten Agieren.

Das ist ein entscheidender Erfolgsfaktor, der von vielen Fischern und Vertrieblern maßlos unterschätzt wird. Die meisten Menschen, die ich kenne, reagieren ihr Leben lang auf alles, was kommt, und befinden sich somit in einer sehr frustrierenden Position, weil sie nichts mehr selbst in der Hand haben. Sie sind also Marionetten ihrer Umwelt. Nur wer selbst sein Leben in die Hand nimmt und von einer reagierenden in eine agierende Position gelangt, kann und wird dauerhaft motiviert und erfolgreich sein. Ich möchte Ihnen noch einmal die Faktoren nennen, die entscheidend sind, um aus der reagierenden Position in eine agierende Position zu gelangen:

- Sie sollten immer wissen, wo Sie stehen.
- Sie sollten immer ein oder mehrere klar definierte Ziele haben. Dies können Jahres-, Wochen-, Tagesziele oder Ziele für ein Gespräch sein.
- Sie sollten sich zu Ihren Zielen den Weg notieren.
- In den Gesprächen sollten Sie grundsätzlich Notizen machen und diese immer wieder vor dem nächsten Schritt abgleichen. Die Notizen sollten nicht nur auf Bestellungsdaten oder technische Informationen ausgerichtet sein.
- Sie sollten ein regelmäßiges Monitoring einführen, um Abweichungen von Ihren Zielen zu erkennen und gegebenenfalls anzupassen.

Denn auch heute liegt immer noch der halbe Sieg in einer guten Vorbereitung und einem durchdachten Monitoring. Es spart auf Dauer Zeit, Zeit und wieder Zeit und davon haben wir alle zu wenig."

Seine kurze Pause nutzte ich, um die genannten Informationen in mein Notizbuch zu schreiben, damit ich sie für meine weitere Arbeit nutzen konnte.

„Wenn ich Sie richtig verstanden habe, sollte man nicht erst dann reagieren, wenn das Kind, also der Umsatz, in den Brunnen gefallen ist, sondern rechtzeitig erkennen, wo das „Schiff" hinfährt und gegebenenfalls gegensteuern oder Anpassungen vornehmen?" „Ja, stimmt genau! Nur sollten Sie vorher wissen, von welcher Position aus Sie starten, damit Sie den kürzesten Weg zum Ziel nehmen können. Wenn Sie in den Urlaub fahren, wissen Sie ja auch, wo Sie hin möchten, oder etwa nicht? Sie wissen auch", führte er weiter aus, „von welcher Stelle Sie starten und bei einer Störung während der Fahrt durch Stau, Autobahnsperren oder Ähnliches suchen Sie blitzschnell eine Alternativstrecke, um auf jeden Fall Ihr Ziel zu erreichen. Und genauso verhält sich das beim Fischen und im Vertrieb. So und nicht anders!"

Ich war über das, was er sagte, erstaunt und gleichzeitig fühlte ich mich sehr klein, weil alles so logisch und einfach klang. Warum bin ich nicht selbst darauf gekommen? Damit ich es nicht vergesse, habe ich Notizen von seinen Ausführungen angefertigt. Ich hielt fest, was ich, sobald ich zu Hause war, zu erledigen hätte:

- Den Weg zu meinen vorhandenen Zielen beschreiben.
- Mehr Notizen während der Verkaufsgespräche erstellen und grundsätzlich mit einem klaren Ziel zum Kunden gehen.

- Nach jedem Termin und monatlich ein sauberes Monitoring durchführen. Was wollte ich erreichen und was habe ich erreicht?

Gerade als ich mit meinen Notizen fertig war, schlug das Echolot an und zeigte uns einen sehr großen Schwarm Fische. Der Käpt'n, so nannte ich ihn mittlerweile, sagte mir, dass es hier unendlich viel Nahrung für die Fische gäbe und diese, so seine Beobachtung, wegen Raubfischen in dieser Region sehr schreckhaft und vorsichtig seien. Sie bewegten sich sehr schnell, sodass das klassische Auswerfen der Netze nicht so funktionierte, wie er es gerne hätte. Er müsse nach erweiterten Lösungen suchen.

11.
Die Ausreden

Nach einer sehr anstrengenden und für mich mit vielen Neuerungen in meinem Leben und im Job verbundenen Zeit hatte ich mir ein paar Tage Erholung gegönnt und wollte erst einmal nur abhängen und nichts tun. Ich ließ die Tage ins Land ziehen, schaute fern, ging spazieren, traf mich mit Freunden, ging in die Sauna, ins Kino und kochte mir täglich ein vorzügliches Menü. Als mein Urlaub kurz vor dem Ende stand, genauer gesagt war nur noch ein Tag übrig, drängte mich ein inneres Bedürfnis dazu, auf den Fischmarkt zu gehen, und zwar auf den, wo wir, also der Käpt'n und ich, nach dem Fang unsere Fische verkauften. Nun werde ich den Fischmarkt mal als Kunde erleben und nicht als Verkäufer, dachte ich mir und freute mich schon darauf, einige Gesichter wiederzusehen. Ich trank in Ruhe meinen Espresso aus, den ich mir kurz zuvor aus meiner Espressomaschine ausgelassen hatte, zog meine Jeans an, streifte mir ein Hemd über und machte mich auf den Weg. Als ich ankam, parkte ich mein Auto dort, wo wir immer parkten, und ging gemütlich in Richtung Fischmarkt, als mir plötzlich jemand seine Hand von hinten auf die Schulter legte. Ich zuckte kurz erschrocken zusammen, drehte mich um und ein strahlendes Lächeln sprang mir entgegen. Es war mein Chef, der Käpt'n, der mich freundlich begrüßte: „Oh, Herr van Sale, ich wollte Sie nicht erschrecken. Entschuldigung und guten Morgen! Was machen Sie denn hier? Hat Sie das Fischen jetzt infiziert, sodass Sie sich jetzt Urlaub nehmen, um wenigstens zum Fischmarkt zu kommen?" Ich lachte kurz und herzlich darüber und antwortete ihm, dass dies lediglich ein Zeitvertreib sei und ich mal sehen wollte, wie die anderen Fischer ihre Waren verkaufen. Er erzählte mir, dass er mit 30 Freunden am Abend gemeinsam kochen wolle und jetzt den Fisch dafür einkaufen müsse. Er bot mir an, gemeinsam mit mir über den Markt zu schlendern und gleichzeitig die Besorgungen zu erledigen. Ich sagte zu und wir genossen beide die Anwesenheit des anderen und hörten den Verkäufern bei ihren verbalen Lobhuldigungen und den Anpreisungen ihrer Waren zu. Wir blieben an einem Stand stehen, wo der Fischhändler beziehungsweise Verkäufer wie eine Steinsäule dastand. Sein Gesichtsausdruck war alles andere als positiv. Er erinnerte an jemanden, dem gerade Hab und Gut geklaut wurde und der glaubt, die Erde sei eine Scheibe und er stehe nur noch einen Schritt vor dem Abgrund und wisse noch nicht, ob er diesen Schritt tätigt oder nicht. So war nicht nur sein Gesichtsausdruck, auch seine Arme waren verschränkt, der Körper etwas vom Stand weggedreht; die gesamte Körperhaltung war also maximal suboptimal. Die Fische, die er anbot, waren allerdings durchaus mit denen der anderen Stände beziehungsweise Anbieter vergleichbar. Der Käpt'n ergriff das Wort und begrüßte ihn mit: „Hallo, Erwin, grüß' dich! Wie läufts heute?"

Mit gleichbleibendem Gesichtsausdruck und dem Trägheitsmoment eines Betonpfeilers kam eine Gegenreaktion, wobei die Geschwindigkeit seiner Worte einer Schallplatte, die mit halber Geschwindigkeit abgespielt wird, ähnelten. „Haalloooo, danke der Nachfrage, aber es läuft besch…eiden. Die Leute bleiben nicht einmal mehr stehen und wenn doch, dann höre ich Dinge wie:

- Die anderen haben ja genau dasselbe.
- Die anderen sind günstiger.
- Ich überleg mir das noch mal.
- Das ist mir zu teuer.

Dann fragen sie mich, ob die Qualität stimmt und der Fisch auch wirklich frisch ist. – Wollen die mich verarschen? Die wissen doch, dass der Fisch frisch ist. Oder etwa nicht?

Und wenn ich dann mal aktiv werde und jemanden anspreche, dann höre ich nur, dass er wiederkomme. Und zurückgekommen ist noch keiner.

Ich glaube mittlerweile, dass das größte Problem in der heutigen Zeit der Kunde ist! Der ist viel zu wählerisch, kritisch und streitsüchtig geworden. Was soll ich denn noch alles machen? Ich mach' doch schon alles!"

Er fügte hinzu: „Wenn das so weitergeht und die Fänge immer weniger werden und selbst bei einem geringen Fang immer mehr Fische übrig bleiben, die ich mit nach Hause nehmen muss, werde ich das Ganze wohl aufgeben und mir eine Festanstellung suchen müssen. Also, wenn du mich fragst, wie es mir geht, muss ich dir antworten: Abgesehen von den genannten Problemen geht es mir sehr gut."

Mein Chef sagte ihm, dass die anderen doch auch verkaufen, und er antwortete sofort mit der Ausrede, dass „die" auch andere Kunden hätten als er.

Wir verabschiedeten uns, wünschten ihm viel Erfolg und gingen bis zu einem Café, vor dem wir stehen blieben. Der Käpt'n fragte mich, ob ich mit ihm einen Espresso trinken wolle, ich stimmte zu und wir gingen hinein. Als wir uns setzten, fragte ich ihn, ob der Fischverkäufer ein Freund sei, und er erwiderte in einem Blitztempo: „Nein." „Aber warum sind Sie dann mit mir an diesen Stand gegangen und vor allem, was wollten Sie von ihm?" Er fragte mich, was ich von dem Gespräch hielt, warum dieser Fischer erfolglos sei und welche Schlussfolgerungen ich daraus ziehen würde. Ich griff zu meinem Espresso, hob ihn hoch und lehnte mich langsam mit meinem Oberkörper nach hinten, um mich an meiner Stuhllehne entspannt zu positionieren. Dabei versuchte ich, das Gespräch kurz zu reflektieren und die passenden Worte zu finden. Ich stellte fest, dass bei diesem Fischer gleich zwei Probleme vorherrschten. „Zum einen ist er es selbst, der sich mit seiner negativen Einstellung und seiner sich selbst erfüllenden Prophezeiung im Wege steht und bei Selbstmitleid den ersten Platz der Charts erreichen würde. Aber ich glaube nicht, dass wir dieses Thema noch einmal intensiv besprechen müssen, da es bereits ausführlich behandelt wurde und es nicht das ist, was Sie hören wollen." Nach einer kurzen Zustimmung meines Chefs ergänzte ich meine Aussage und ging gleich zum zweiten Punkt über. „Neben seiner negativen Einstellung versucht er keineswegs, die von den Kunden vorgebrachten Einwände oder Vorwände zu bearbeiten, sondern bestärkt die Kunden in ihrer Einstellung. Er glaubt, dass jeder Kunde sowieso nur meckert und nichts kaufen will.

Des Weiteren hat er aus seiner Sicht sowieso die schlechteren Kunden und die anderen haben die besseren. Da er in Anbetracht dieser Gesamtsituation nichts unternimmt, wird sich an dieser Situation nichts ändern beziehungsweise es wird immer schlimmer werden. Da wir Menschen immer recht behalten wollen, werden wir auch nichts an dieser Situation ändern. Weil wir ganz einfach recht behalten wollen und dann sagen können: ‚Siehste, hab' ich dir doch gleich gesagt, dass es nicht funktioniert!' Und wir haben recht! Außerdem sind Veränderungen mit Aufwand verbunden und Aufwand bedeutet Arbeit. Denn:

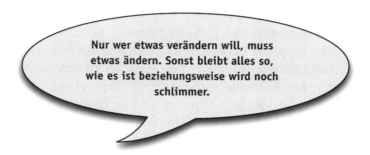

Nur wer etwas verändern will, muss etwas ändern. Sonst bleibt alles so, wie es ist beziehungsweise wird noch schlimmer.

Der Fischer hat offensichtlich noch nicht begriffen, dass kein Kunde einen Einwand zu einem Produkt bringt, das für ihn völlig uninteressant ist, und von einer Einwandbehandlung hat er wohl auch noch nie etwas gehört, geschweige denn von Vorwänden. Wir sollten froh sein, wenn Einwände zu verzeichnen sind, denn solange Einwände kommen, hat der Kunde noch Interesse. Wenn er keine Einwände hat, will er entweder nicht kaufen, also ist das Angebot für ihn nicht interessant, oder etwas stimmt nicht bei diesem Geschäft." Der Käpt'n unterbrach mich mit einer Frage: „Sagen Sie mal, Herr van Sale, wo liegt denn Ihrer Meinung nach der Unterschied zwischen einem Einwand und einem Vorwand?" In diesem Punkt war ich mir sehr sicher und antwortete ihm: „Der Unterschied liegt darin, dass ein Vorwand den wahren Grund nicht offenlegt. Ich sage immer, ein Vorwand ist eine Wand, die davor steht und den wahren Grund dahinter versteckt. Also ist ein Vorwand eine Vor-Wand. Als Beispiel nutze ich sehr gerne den Kundenklassiker ‚zu teuer'. Hierbei handelt es sich immer um einen Vorwand, denn es gibt fünf Gründe dafür, ‚zu teuer' zu sagen.

1. Der Kunde sieht den Nutzen nicht. Er will einfach nicht.
2. Der Kunde will handeln, und zwar um des Handelns willen.
3. Er hat das Geld nicht – jedenfalls nicht dafür – beziehungsweise kein Budget.
4. Das Preis-Leistungs-Verhältnis stimmt nicht.
5. Der Wettbewerber bietet exakt dasselbe Produkt zu einem besseren Preis an.

Diese Varianten kommen bei der Aussage ‚zu teuer' in Betracht. Sollte ein Kunde diese Aussage treffen, so stellt sich hier die Frage: im Verhältnis wozu? Also, was heißt für ihn zu teuer? Erst nach einer Antwort, die sich aus den fünf genannten Punkten ergibt, entsteht ein Einwand, und dieser kann nun im Rahmen der Einwandbehandlung bearbeitet werden. Bei den Einwänden und deren Behandlung sollten wir einige Punkte beachten:

1. Einwände werden in der Regel nicht sinnlos vorgebracht. Daher sollten wir diese immer mit dem nötigen Ernst und Sachverstand aufnehmen. Aus Sicht des Kunden ist der Einwand, den er vorbringt, immer berechtigt, auch wenn der Verkäufer diesen als ‚Quatsch' betrachtet.
2. Finden Sie heraus, wie wichtig und wie hoch der Stellenwert des Einwandes ist.

3. Unterbrechen Sie niemals den Kunden. Nur was er sagt, ist wirklich wichtig.
4. Streiten Sie niemals mit ihm. Es sei denn, Sie wollen den Auftrag nicht. Frei nach dem Motto „Diskussion gewonnen – Auftrag verloren". Seltenst werden Aufträge über Rechthaberei gewonnen.
5. Gehen Sie auf den Kunden ein und nutzen Sie das Wort „Warum", damit Sie ihn verstehen.
6. Wenn Sie eine Einwandbehandlung vorgenommen haben, überprüfen Sie jede Reaktion des Kunden. Jetzt zeigt er in seiner Mimik und Gestik, wie er die Einwandbehandlung aufgenommen hat."

Langsam merkte ich, dass ich mich festgeredet hatte, und schwieg fortan, um seine Reaktion auf meine Ausführungen zu sehen. Er lächelte mich an und meinte zu mir: „Kompliment, Herr van Sale, sehr gut erklärt. Aber sagen Sie mal, haben Sie die Einwände, die Sie von Ihren Kunden täglich zu hören bekommen, einmal aufgeschrieben und die Einwandbehandlung ausgearbeitet?" Jetzt konnte ich auftrumpfen: „Ich habe nicht nur die Einwände behandelt, sondern eine Tabelle entworfen, auf deren linker Seite immer der Einwand beziehungsweise Vorwand beschrieben wird und auf deren rechter Seite ich gemeinsam mit meinen Kollegen die Einwandbehandlung notiert habe. Also, wie ich darauf reagiere und was ich sage beziehungsweise wie ich seinen Einwand entkräfte.

Ich habe bei der Erstellung festgestellt, dass gerade bei der Einwandbehandlung, also bei der Frage, was ich dem Kunden sage und wie, die Effizienz durch eine Gruppenarbeit im Vergleich zu einer Eremitenarbeit exorbitant gesteigert werden kann. Diese Liste ist ein lebendes Konstrukt und wird permanent weitergeführt."

Wir tranken aus, zahlten und verließen das Café. Er machte seine Besorgungen und wir plauderten und philosophierten über Einstellungen von Menschen und darüber, dass der Mensch das nach außen widerspiegelt, was in seinem Inneren vorgeht. Gegen 16:00 Uhr hatte auch ich etwas Fisch eingekauft und wir verabschiedeten uns voneinander und wünschten uns noch ein schönes Wochenende.

12.
Die letzte Phase

Mittlerweile gingen wir, der Käpt'n und ich, bereits über zwei Jahre gemeinsam zum Fischen und ich muss mir eingestehen, dass ich in vielen Lebensbereichen von den Erfahrungen als Fischer und auch vom Käpt'n profitieren konnte. Die meisten Punkte habe ich konsequent umgesetzt und dabei gemerkt, dass die Nachhaltigkeit bei der Umsetzung neuer Vorgehensweisen mit am schwierigsten gewesen ist. Denn auch ich hatte immer wieder gute Vorsätze und stellte fest, dass der Tagestrott einen immer wieder schnell einholt und die Umsetzung nicht automatisch funktioniert, wenn man Dinge verstanden hat, sondern die Umsetzung harte Arbeit ist. Zwei Punkte musste ich für mich noch einmal klar herausstellen:

1. Wenn ich etwas ändern möchte, muss ich es konsequent tun.
2. Um es zur Gewohnheit zu machen, muss ich es nachhaltig umsetzen.

Bei diesen beiden Punkten, so stellte ich im Leben fest, hakt es bei den meisten Menschen: in der Nachhaltigkeit und in der Konsequenz.

Im Laufe der Zeit waren meine Verkaufsgespräche immer professioneller und systematischer aufgebaut und durchgeführt. Dies spiegelte sich in meinen Umsatzzahlen und meiner Motivation wider. Ein Punkt beziehungsweise eine Phase im Verkaufsgespräch plagte mich noch immer, da ich darin immer noch eine kleine Unsicherheit verspürte. Ich entschloss mich, meinen Chef direkt auf diesen Punkt anzusprechen, und vereinbarte mit seiner Sekretärin einen Termin. Als wir uns trafen, hielten wir erst einmal einen angenehmen und üblichen

Small Talk, tranken unseren Kaffee und saßen uns entspannt diagonal gegenüber. Trotz der vielen Erlebnisse und privaten Exkursionen, vielleicht auch gerade deswegen, hatte ich einen immensen Respekt und absolute Hochachtung vor diesem Mann, der über immense Sozial- und Fachkompetenz sowie Führungserfahrung verfügte. Er war ein Mensch, der an Nachhaltigkeit und konsequentem Handeln nicht mehr zu übertreffen war.

Nach einer Weile fragte mich mein Chef, was ich auf dem Herzen hätte, und ich trug mein Anliegen vor: „Es gibt eine Phase im Verkaufsgespräch, die mir und ich vermute auch dem Kunden unangenehm ist. Ich weiß nicht, wie ich es deuten soll, beziehungsweise wie man so etwas trainieren kann?" „Worum geht es genau, Herr van Sale?", wollte mein Chef wissen. „Es geht um die Abschlussphase. Ich habe grundsätzlich in dieser Phase immer ein ganz komisches Gefühl. Was kann ich dagegen tun?"

Er schmunzelte ein wenig und meinte mit ruhiger und einer eher leisen Stimme: „Ich kann Sie verstehen, so geht es sowohl den meisten Verkäufern als auch den meisten Kunden. Es ist die Angst, den falschen Preis zu machen oder gar den Auftrag nicht zu erhalten. Es ist die Angst, die Frage aller Fragen ‚Wollen Sie kaufen?' zu stellen. Es ist die Angst, ein ‚Nein' zu hören. Es ist die Angst, über Rabatte oder den Preis zu reden. Unterm Strich kann ich sagen, dass es einfach nur Angst ist. Für meinen Teil habe ich festgestellt, dass ich besser mit einem klaren ‚Nein' leben kann, denn dann kann ich immer noch fragen ‚Warum nicht?', als wenn ich nicht frage und keine Antwort bekommen habe. Wie oft hatten wir schon ein gutes Gefühl und dachten, dass der

Kunde kaufen wird, und hinterher stellte sich heraus, dass er woanders gekauft hat. Wie oft hat uns dieses Gefühl schon im Stich gelassen? Unzählige Male. Wenn ich also nach dem Auftrag frage, dann erhöhe ich die Wahrscheinlichkeit, den Auftrag auch zu bekommen. Nur dann, wenn ich danach frage, sonst nicht. Des Weiteren ist für mich der Abschluss eine logische Konsequenz vorangegangener guter Arbeit. Die Frage vollendet meinen Verkaufsprozess. Ich benutze mein Leben lang nur eine einzige Abschlussfrage. Genauer gesagt sind es zwei Fragen. Die erste ist eine geschlossene Frage und wird final von einer Alternativfrage gekrönt.

1. ‚Können Sie sich vorstellen, mit uns zusammen-zuarbeiten?‘

Die Antwort lautet logischerweise und mit einer hohen Wahrscheinlichkeit: ‚Ja.‘

Die zweite folgt direkt im Anschluss und lautet:

2. ‚Gut, dann stellt sich ja nur noch die Frage, wann wir … liefern/starten/montieren etc.‘

Die schönsten Bücher werden über die Abschlusstechnik geschrieben, wichtig ist hierbei nur eins. Stellen Sie die Frage und trauen Sie sich. Mehr als ein ‚Nein‘ kann nicht kommen. Und sollte es kommen, fragen Sie einfach: ‚Warum nicht?‘“

Ich saß etwas verblüfft da, starrte ihn an und konnte nicht fassen, dass es so einfach und banal sein sollte. Aber letzten Endes, was soll daran kompliziert sein. Man muss nur den Mut besitzen, diese Frage zu stellen.

Der Abschluss ist die logische Konsequenz vorangegangener guter Arbeit!

Wir verabschiedeten uns und machten einen Termin für das folgende Wochenende aus, um wieder einmal fischen zu gehen.

Mein weiteres Leben

Als ich dann alles umsetzte und mit der nötigen Nachhaltigkeit immer wieder meine Vorgehensweisen infrage stellte, um mich immer wieder zu optimieren beziehungsweise zurück zu dem Erlernten und der Erfahrung zu kommen, zählte ich immer zu den Verkäufern, die ihre Umsätze beziehungsweise Vorgaben seitens der Unternehmensleitung kontinuierlich erreichten und auch übererfüllten. Ich war also immer einer der besten Fischer im Hafen. Bis heute partizipiere ich vom Fischen.

Als mein Chef dann einige Jahre später das Unternehmen verließ, um eine Position im Vorstand zu bekleiden, bot man mir seinen Posten an. Da ich mittlerweile genug Erfahrungen sammeln konnte, fühlte ich mich auch stark genug, diese Position auszufüllen.

Auch heute gehe ich mit meinem Freund, dem Käpt'n, mindestens ein Mal im Monat zum Fischen und lerne täglich dazu. Kurz nachdem er die neue Position angenommen hatte, waren wir wieder einmal gemeinsam fischen. Er fragte mich, ob ich einen Leitsatz hätte, an den ich mich halte. Ich fragte ihn, wofür man so etwas bräuchte, und er sagte mir daraufhin, dass ein übergeordneter Leitspruch wichtig für die persönliche Entwicklung sei. Er habe seit vielen Jahren so einen Spruch, den er in seinem Büro vom Schreibtisch aus sichtbar platziert hat.

Die Idee fand ich sehr gut und setzte diese auch gleich um. Von nun an hatte ich jedes Jahr in meinem Leben einen Slogan oder eine Weisheit, wonach ich immer ein Jahr lang lebte. Das ist bereits über 20 Jahre her. Viele dieser Sprüche stammen von Autoren, deren Namen ich nicht mehr kenne, und ich kann auch nicht sagen, in welchem der unendlich vielen Bücher ich diese gelesen hatte. Einige sind von mir selbst entworfene Zitate zu Gedanken, die ich mir zum Ende eines Jahres machte, und nach denen ich lebte. Einige fielen mir in dieser Zeit durch Zu-Fall, wenn es denn so etwas gibt, zu. Ich ließ immer das aktuelle Jahr Revue passieren und überlegte mir, worauf ich im neuen Jahr achten wollte.

Nun möchte ich die Weisheiten, die mir im Leben geholfen haben, meine persönlichen Ziele zu erreichen und meine Persönlichkeit zu formen, nachstehend kurz aufführen. Sie galten, wie bereits erwähnt, immer ein Jahr und ich hatte diese auf meinem Schreibtisch, in meinen Verkaufsunterlagen, im Aktenkoffer und an meiner Pinnwand platziert, damit ich permanent (ein Jahr) an dieses Vorhaben erinnert wurde:

- *Gott gebe mir die Gelassenheit, Dinge hinzunehmen, die ich nicht ändern kann – den Mut, Dinge zu ändern, die ich ändern kann – und die Weisheit, das eine von dem anderen zu unterscheiden.*
  Christoph Oettinger (1702 – 1782)
- *Mache dir niemals Gedanken darüber, warum etwas nicht geht – mache dir immer nur Gedanken darüber, was du tun musst, damit es geht.*
- *Wenn ich so weitermache wie bisher, ist das Ergebnis auch nicht anders. Wenn ich etwas am Ergebnis verändern möchte, dann muss ich etwas an meinem Tun verändern.*
- *Wer kämpft, kann verlieren, wer nicht kämpft, hat bereits verloren!*
- *Wer handelt, der handelt.*
- *Ohne Ziel kein Weg.*
- *Schaffe, Visionen zu erleben!*
- *Umsatz kommt nicht, er wird gemacht.*
- *Siegen ist WILLE.*
- *Die Zukunft liegt in unseren Gedanken. So wie wir sind, so wollen wir sein.*
- *Nur wer Ziele hat, kann diese erreichen.*
- *Erfolg ist planbar.*
- *Carpe futurum. (Nutze die Zukunft.)*

- *Wenn du etwas erreichen willst, was du noch nie erreicht hast, musst du Dinge tun, die du noch nie getan hast.*
- *Wenn ich nichts verändere, verliere ich oft auch das, was ich behalten wollte.*
- *Mach langsam, wir haben wenig Zeit.*
- *Der Glaube ist die Macht allen Handelns und ermöglicht, alle Ziele zu erreichen.*
- *Nur wer Ziele hat, kann diese erreichen.* Alte Weisheit
- *Um Ziele zu erreichen, sollten wir wissen, von wo aus wir starten.*
- *Wer aufhört, sich zu entwickeln, hat aufgehört zu leben.* Alte Weisheit
- *Lerne den Menschen zu lieben und er wird dich lieben.* Alte Weisheit
- *Alles, was du gibst, kommt tausendfach zurück – positiv wie negativ.* Weisheit
- *Wer aufhört zu fragen, hat aufgehört, sich zu entwickeln.*
- *Sag, was du meinst, und du bekommst, was du willst.* George Walther
- *Es gibt kaum etwas auf dieser Welt, das nicht irgendjemand schlechter und etwas billiger machen könnte, und die Menschen, die sich nur am Preis orientieren, werden die gerechte Beute dieser Machenschaften. Es ist unklug, zu viel zu bezahlen, aber es ist noch schlechter, zu wenig zu bezahlen. Wenn Sie zu viel bezahlen, verlieren Sie etwas Geld. Das ist alles. Wenn Sie dagegen zu wenig bezahlen, verlieren Sie manchmal alles, da der gekaufte Gegenstand die ihm zugedachte Aufgabe nicht erfüllen kann. Das Gesetz der Wirtschaft verbietet es, für wenig Geld viel Wert zu erhalten. Nehmen Sie das niedrigste Angebot an, müssen Sie für*

das Risiko, das Sie eingehen, etwas hinzurechnen. Und wenn Sie das tun, dann haben Sie auch genug Geld, um etwas Besseres zu kaufen. John Ruskin (um 1894)
- *Ich kann, ich will, ich werde.* (mein aktueller Spruch)

12.
Danksagung

An dieser Stelle möchte ich mich ganz herzlich und in tiefer Liebe bei meiner Frau Stefanie bedanken, die es geschafft hat, mich zu diesem Buch zu ermutigen, und die mir immer wieder die Kraft gab, weiterzumachen, nicht stehen zu bleiben und an mich zu glauben. Sie holte mich auch immer wieder auf den Boden zurück und gab mir nie die Chance abzuheben. Sie zeigte mir, dass es viele Blickwinkel gibt, und ist immer ein sehr guter Coach. Danke Steffi, ohne Dich wäre ich nicht da, wo ich bin. Des Weiteren gilt mein Dank dem BusinessVillage Verlag, hier insbesondere Herrn Christian Hoffmann, der mir die Möglichkeit gab, meine Gedanken zu veröffentlichen, und auch allen Kunden, die mich auf meinem Weg begleitet haben, um aus mir das zu machen, was ich heute bin, und die mir ihr Vertrauen gaben, sie in ihren Vorhaben unterstützen zu dürfen. Und natürlich bei allen Menschen, die mich kennen, mögen und nicht mögen. Denn auch sie sind Teil des Ganzen.

In Dankbarkeit

13.
Verkäufertest

Qualität und
Copyright by
Wolfgang Wienen

Dieser Test wurde entwickelt, um Ihnen ohne großen Aufwand einen schnellen Überblick über Ihren verkäuferischen Status zu verschaffen. Anhand des Testergebnisses erkennen Sie Ihre Fähigkeiten im Verkauf, Ihre Affinitäten in Richtung Konsumgüter- oder Investitionsgütermarkt, wo Ihre Eigenschaften in der Marktbearbeitung liegen, wie strukturiert Sie den Markt bearbeiten sowie einige weitere wichtige Punkte, die für Ihre persönliche Entwicklung von Bedeutung sind.

In der Auswertung erhalten Sie Tipps und Möglichkeiten, welche Maßnahmen Sie einleiten können, um Ihre Fähigkeiten – wenn nötig – zu verbessern, und wie Sie diese optimal und gewinnbringend umsetzen können.

Dieser Verkäufertest ist ausschließlich für Ihre persönliche Nutzung vorgesehen. Das Veröffentlichen, Kopieren und Vervielfältigen jeglicher Art, außer zur Ergebnisprotokollierung, ist strengstens untersagt und wird strafrechtlich verfolgt. Sollten Sie weitere Exemplare benötigen, so wenden Sie sich bitte an den Verlag oder den Autor.

Beantworten Sie bitte **alle** nachstehenden Fragen ehrlich.

Der Test ist so aufgebaut, dass es kein „Richtig oder Falsch" gibt. So können Antworten, die augenscheinlich plausibel und logisch klingen, unter Umständen für das Ergebnis gar nicht so positiv sein.

Also seien Sie absolut **ehrlich!!!**

Denken Sie daran, dass Sie diesen Test nur für Ihre persönliche Entwicklung durchführen und Sie nur ein ehrliches Ergebnis weiterbringen kann.

Nehmen Sie sich nun Zeit und suchen Sie Ruhe.

Sollten Sie weiterführende Fragen zum Thema Verkauf haben, so treten Sie mit uns in Kontakt:

Wienen Vertriebsentwicklung
Benderstraße 9
77815 Bühl/Baden
Tel. +49 (0) 72 23 80 00-5 85
Fax +49 (0) 72 23 80 08-1 00
www.wienen-vertriebsentwicklung.de

	Verkäufertest Beantworten Sie alle nachstehenden Fragen, setzen Sie also immer ein Kreuz in jede Zeile. (Die Punktzahl wird später anhand einer Tabelle eingetragen.)	ja oder immer	nein oder nie	gelegentlich	Erreichte Punktzahl
	Wie beurteilen Sie Ihre verkäuferischen Fähigkeiten?				
1	top				
2	gut				
3	mittelmäßig				
4	verbesserungswürdig				
5	eher schlecht				
	Wie empfinden Sie jedes Jahr Ihre Umsatzziele? (nur ja oder nein)				
6	erreichbar				
7	angemessen				
8	nicht erreichbar				
9	jenseits von Gut und Böse				
10	Erreichen Sie Ihre Umsatzziele?				
11	Orientiert sich Ihre Nutzenargumentation streng an den Anforderungen des Kunden?				
12	Vertreiben Sie gerne Investitionsgüter?				
13	Vertreiben Sie gerne Konsumgüter?				
14	Ist Ihr Markt, in dem Sie sich bewegen, derzeit sehr preisorientiert?				
15	Pflegen Sie gerne das Einmalgeschäft?				
16	Betreuen Sie gerne Langzeitkunden?				
17	Kommen Sie schneller zum Abschluss als Ihre Kollegen?				
18	Realisieren Ihre Kollegen mehr Umsatz als Sie?				

	Verkäufertest Beantworten Sie alle nachstehenden Fragen, setzen Sie also immer ein Kreuz in jede Zeile. (Die Punktzahl wird später anhand einer Tabelle eingetragen.)	ja oder immer	nein oder nie	gelegentlich	Erreichte Punktzahl
19	Haben Sie eigene Jahresziele, die außerhalb des Umsatzes stehen?				
20	Erhalten Sie von Ihrem Vorgesetzten Monats-, Wochen- oder Tagesziele?				
21	Erreichen Sie diese?				
22	Setzen Sie sich eigene Monats-, Wochen- oder Tagesziele?				
23	Erreichen Sie diese?				
24	Nutzen Sie Verkaufsstatistiken, um neue Maßnahmen festzulegen oder Ihre Leistung zu überprüfen?				
25	Erstellen Sie einen eigenen Wochenplan?				
26	Und zwar: wegen Ihres Vorgesetzten?				
27	Oder: aus eigener Überzeugung?				
28	Erstellen Sie eine monatliche Umsatzvorplanung für Ihren Vorgesetzten?				
29	Erstellen Sie eine Umsatzvorplanung für sich?				
30	Halten Sie alle Kundentermine ein?				
31	Halten Sie alle Termine im eigenen Unternehmen ein?				
	Wenn Sie merken, Sie kommen zu spät zu einem Termin, wann rufen Sie den Kunden an?				
32	Vorher?				
33	Genau zu dem Zeitpunkt?				
34	Nach dem ursprünglichen Termin, wenn Sie wissen, wann Sie ankommen?				

Verkäufertest Beantworten Sie alle nachstehenden Fragen, setzen Sie also immer ein Kreuz in jede Zeile. (Die Punktzahl wird später anhand einer Tabelle eingetragen.)	ja oder immer	nein oder nie	gelegentlich	Erreichte Punktzahl
35 Fordern Sie bei einigen Kunden schon mal Verstärkung durch einen Ihrer Außendienstkollegen an?				
36 Fordern Sie bei einigen Kunden schon mal Verstärkung durch einen Techniker an?				
37 Ist Ihr Verkaufen zur Routine geworden?				
38 Verbringen Sie derzeit mehr Zeit im Innen- als im Außendienst?				
39 Erledigen Sie Ihre Aufgaben termingerecht?				
Wenn Sie gerade sehr viel Umsatz generieren, konzentrieren Sie sich				
40 auf die Abwicklung?				
41 auf die Neukundengewinnung?				
42 Können Sie unter Druck arbeiten?				
43 Haken Sie bei allen Angeboten, die Sie abgeben, nach?				
44 Wissen Sie, wie viele Angebote Sie erstellen müssen, um einen Auftrag zu generieren?				
45 Ist Ihre Argumentation produktorientiert aufgebaut?				
46 Ist Ihr Wettbewerber öfter schneller als Sie?				
47 Kommt es vor, dass der Auftrag bereits vergeben ist, wenn Sie bei Ihren Angebot nachhaken?				
48 Verhandeln Sie Rabatte am Telefon und der Kunde sagt, dass er noch mal anruft?				
49 Bereiten Sie sich zu jedem Termin speziell auf den Kunden vor?				

	Verkäufertest Beantworten Sie alle nachstehenden Fragen, setzen Sie also immer ein Kreuz in jede Zeile. (Die Punktzahl wird später anhand einer Tabelle eingetragen.)	ja oder immer	nein oder nie	gelegentlich	Erreichte Punktzahl
50	Machen Sie sich beim Kunden Notizen?				
51	Wissen Sie immer, was Sie beim Kunden erwartet?				
52	Spornt Sie der Wettbewerb an?				
53	Kennen Sie den Unterschied zwischen geschlossenen und offenen Fragen?				
54	Halten Sie sich eher etwas länger beim Kunden auf?				
55	Führen Sie beim Kunden immer eine Bedarfsanalyse durch?				
56	Erstellen Sie gemeinsam mit dem Kunden jährlich eine Jahresplanung?				
57	Werden diese Informationen schriftlich, für beide, fixiert?				
58	Gleichen Sie diese Informationen permanent mit Ihrem Kunden gemeinsam ab?				
59	Reden Sie im Verkaufsgespräch mehr als Ihr Kunde?				
60	Sind Sie von dem, was Sie tun, überzeugt?				
61	Haben Sie Verständnis, wenn ein Kunde woanders kauft?				
62	Gewinnen Sie Aufträge, bei denen Sie teurer waren als der Wettbewerb?				
63	Können Sie Kunden richtig mitreißen, begeistern und motivieren?				

Wenn Sie das Ergebnis erfahren, suchen Sie nicht nach Rechtfertigungen, sondern denken Sie an das Ziel, welches Sie verfolgen.

Vielen Dank für Ihre Offenheit.

Ergebnisauswertung

Sehr geehrte Damen und Herren,

zunächst einmal möchte ich Sie für das Durchführen dieses Verkäufertests im Rahmen Ihrer eigenen Optimierung recht herzlich beglückwünschen. Viele unserer Kunden haben bereits vor Ihnen diesen Test eingesetzt, um Mitarbeiter sowohl zielgerichtet und erfolgsorientiert auszuwählen als auch einzusetzen.

Im Anschluss an die Auswertung erhalten Sie Tipps, welche Maßnahmen Sie im Einzelfall einleiten müssen, um die Vorgehensweisen und Leistungen zu optimieren.

Nach diesen Erkenntnissen können Sie zum einen geeignete Maßnahmenpläne erstellen und zum anderen Entscheidungen für sich treffen.

Verkäufertypen

So mannigfaltig Menschen sind, so unterschiedlich sind Verkäufertypen. Es ist nicht schwierig, jemanden nach seiner Arbeit zu beurteilen – die Schwierigkeit beginnt jedoch bei der Beurteilung einer Person und ihrer verkäuferischen Fähigkeiten. Neben den Unterschieden in der Persönlichkeit differieren Verkäufer sehr stark in ihrer Vorgehensweise und ihrem Erfolg.

Nicht zu unterschätzen ist außerdem die zu bearbeitende Zielgruppe: Ist ein Verkäufer in einem Markt bei seiner Zielgruppe erfolgreich, heißt das noch lange nicht, dass er zwangsläufig in jedem Markt dauerhaft erfolgreich sein muss. Es gibt Verkäufer, die im Konsumgüterbereich Top-Leistungen erbringen, aber für den Investitionsgüterbereich langfristig völlig ungeeignet sind – und umgekehrt.

Nach dieser groben Einschätzung möchte ich noch weitergehen und Ihnen die folgenden Kategorien von Verkäufern vorstellen, die ich im Laufe meiner Tätigkeit kennengelernt habe:

1. Verkäufer, die virtuos und perfekt ihren Kunden bedienen, jedoch von administrativen Dingen nichts halten und trotzdem sehr viel Umsatz generieren.
2. Verkäufer, die mittelmäßigen Umsatz generieren, aber eine brillante Dokumentation ihrer Arbeit abliefern.
3. Verkäufer, die von Aufträgen, die sie machen werden, nur sprechen, diese jedoch nicht realisieren, dafür aber ständig behaupten: „Der kommt!"
4. Verkäufer, die ihren Job rundum gut machen und nicht den Anspruch haben, mehr zu erreichen.
5. Verkäufer, die alles wissen und vor allem besser.
6. Verkäufer, die dem Kunden ALLES aufschwatzen und bei denen der Kunde verzweifelt den „Knopf zum Abstellen" sucht.

7. Verkäufer, die diesen Beruf ausüben, weil sie keinen „besseren" Job gefunden haben oder nichts anderes können.
8. Top-Verkäufer, ich nenne sie „die Elite des Verkaufs", die ihren Erfolg planen, nichts dem Zufall überlassen, sich und ihre Arbeit immer wieder überprüfen, ihre Umsatzvorgaben als Ziele sehen und nicht als Hindernis und ihre Arbeit konsequent und vor allem positiv eingestellt und motiviert durchführen.

Zu welchem Verkäufertyp gehören Sie?
Haben Sie sich in den genannten Kategorien wiedergefunden? Aufschluss oder Bestätigung erhalten Sie nun in der Auswertung Ihres Testergebnisses.

Übertragen Sie hierzu bitte die Punkte aus der nachfolgenden Punkte-Tabelle neben die einzelnen Antworten in Ihrem Verkäufertest. Lassen Sie sich bei der Punktevergabe nicht von den Punktzahlen verunsichern – eine hohe Punktzahl muss nicht zwangsläufig positiv sein!

Im Anschluss an die Auswertung erhalten Sie Tipps zur Optimierung Ihrer Vorgehensweisen, die zum Erreichen Ihrer Ziele und zur Steigerung Ihres verkäuferischen Erfolges notwendig sind.

Punkte-Tabelle

Übertragen Sie bitte die entsprechende Punktzahl neben die einzelnen Antworten des Verkäufertests (in das Feld „erreichte Punktzahl").

Frage	ja	nein	gelegentlich	Frage	ja	nein	gelegentlich	Frage	ja	nein	gelegentlich	Frage	ja	nein	gelegentlich
1	4	1	2	17	4	0	2	33	2	0	1	49	3	0	1
2	4	1	2	18	0	4	2	34	4	0	2	50	3	0	1
3	1	4	2	19	4	0	1	35	2	0	2	51	2	0	1
4	4	0	1	20	4	1	0	36	2	0	2	52	3	1	2
5	4	0	2	21	2	0	1	37	4	0	2	53	4	0	0
6	4	0	0	22	4	0	1	38	3	1	2	54	0	4	1
7	3	0	0	23	4	0	2	39	2	0	1	55	4	0	2
8	4	0	1	24	2	0	1	40	1	4	2	56	2	0	1
9	4	0	1	25	3	0	1	41	4	0	2	57	2	0	1
10	4	0	1	26	0	3	0	42	4	0	1	58	2	0	1
11	4	1	2	27	3	0	1	43	4	0	2	59	0	4	2
12	4	0	1	28	1	0	1	44	2	0	0	60	4	0	1
13	0	4	1	29	4	0	2	45	2	0	1	61	4	0	1
14	4	0	1	30	0	4	2	46	0	3	1	62	4	0	3
15	4	0	1	31	0	3	1	47	4	0	1	63	4	0	1
16	4	0	1	32	4	0	2	48	0	4	2				

Haben Sie die entsprechenden Punkte in den Verkäufertest übertragen? Dann geht es auf der nächsten Seite weiter ...

Ergebnis-Tabellen

Übertragen Sie jetzt die Punkte in die jeweiligen Spalten der nachstehenden Ergebnis-Tabellen und tragen Sie die Gesamtzahl in die Summenkästchen ein.

Ergebnis 1 – Verkäuferisches Talent

1		32		49		56	
2		40		50		57	
3		41		51		58	
11		43		52		59	
17		44		53		60	
23		46		54		62	
30		48		55		63	
					Summe:		

Ergebnis 2 – Verkäuferische Neigung

11		16		50		57	
12		36		54		58	
13		43		55			
15		44		56			
					Summe:		

Ergebnis 3 – Verkäuferischer Motivationsgrad

1		10		39		52	
2		17		42		60	
3		18		43		62	
6		35		46		63	
7		36		49			
					Summe:		

Ergebnis 4 – Arbeit mit Verkaufswerkzeugen							
10		25		33		52	
19		26		41		55	
20		27		42		56	
21		28		44			
22		29		49			
24		32		50			
					Summe:		

Ergebnis 5 – Inkonsequenz und Trägheit							
4		14		37		61	
5		30		38			
8		31		45			
9		34		47			
					Summe:		

Haben Sie Ihre fünf Summen errechnet? Dann geht es auf der nächsten Seite weiter ...

Die fünf Ergebnisse mit Barometer

Tragen Sie nun Ihre jeweiligen Summen-Ergebnisse in das Punkte-Kästchen neben dem Barometer ein. Anhand der erreichten Punktzahlen erkennen Sie mithilfe des Barometers Ihren persönlichen Verkäufer-Status-Quo in den Kategorien:

• Verkäuferisches Talent
• Verkäuferische Neigung
• Verkäuferischer Motivationsgrad
• Arbeit mit Verkaufswerkzeugen
• Inkonsequenz und Trägheit

Die jeweiligen Erklärungen zeigen Ihnen Ihre momentanen Stärken und Schwächen auf und geben hilfreiche Tipps für Ihre Verkäufer-Zukunft.

Ergebnis 1 – Verkäuferisches Talent

Das erste Ergebnis spiegelt Ihr verkäuferisches Talent wider. Anhand des Barometers konnten Sie bereits einen ersten Eindruck erhalten, wo Sie persönlich stehen. Nachstehend finden Sie eine auf Ihre Punktzahl abgestimmte individuelle Darstellung der einzelnen Eigenschaften:

136

Weniger als 35 Punkte

Ihr Talent und Ihre Neigung liegen momentan sicherlich nicht im verkäuferischen Bereich. Vielleicht fühlen Sie sich in der Rolle als Verkäufer sehr unwohl. In diesem speziellen Fall kann ich Ihnen nur sagen: Werden Sie wieder ein glücklicher Mensch und fühlen Sie sich wieder wohl – indem Sie den Beruf wechseln.

Vielleicht liegt Ihre momentane „Unlust" aber auch daran, dass Sie derzeit einige Aufträge verloren haben, Ihr Vorgesetzter Dinge verlangt, die nicht realisierbar sind, und Sie daher etwas an sich und Ihrer Fähigkeit als Verkäufer zweifeln und der Erfolg auf sich warten lässt. Versuchen Sie in diesem Fall, an den Ursprung Ihres Erfolges zurückzukehren, indem Sie wieder den Verkauf in den Vordergrund Ihrer Aktivitäten stellen. Konzentrieren Sie sich mit aller Energie auf den Verkauf und nehmen Sie sich jeden Tag fest vor, wie viele Kunden Sie besuchen werden, wie viele Aufträge Sie generieren, sodass Sie ab sofort wieder bei allen Angeboten nachhaken und ausschließlich den Auftrag sehen und nicht die Probleme! Noch ein Tipp: Verhandeln Sie Aufträge nur dann am Telefon oder vor Ort, wenn Sie auch über den Auftrag sprechen. Also: jetzt Nachlass, dann: jetzt Auftrag! Und fangen Sie wieder an zu brennen! Wenn Sie es wirklich wollen, dann werden Sie sehr schnell wieder zu den Top-Verkäufern zählen.

36 bis 80 Punkte

Mit dieser Punktzahl liegen Sie im Spektrum der Verkäufer, die unsere verkäuferische Wirtschaft bilden. Je nachdem, ob Sie in der vorderen Hälfte, also zwischen 35 und 45 Punkten, oder in der zweiten Hälfte liegen, gibt es folgende Tendenzen: Die Verkäufer, die eine Punktzahl in der ersten Hälfte erreicht haben, sollten an ihrem Talent weiterarbeiten, da sie derzeit nicht immer ihre Umsatzzahlen erreichen. Achten Sie mehr auf die Kundenorientierung, die durchzuführende Bedarfsanalyse und die darauf abzielende Nutzenargumentation. Lassen Sie die Kundentermine nicht zu lang werden, sonst langweilen Sie sehr schnell Ihren Gesprächspartner. Kürzer ist oftmals mehr! Nur wenn Sie zukünftig auf diese genannten Punkte achten, sind Sie in der Lage, richtig auf die Kundenwünsche einzugehen, um den Abschluss vorzubereiten und ihn herbeizuführen. Versuchen Sie, sich mehr auf Ihre Ziele zu konzentrieren und weniger darauf, was nicht geht.

Erich J. Lejeune, Chef des größten deutschen Chip-Händlers und Autor mehrerer Bücher, hat über den Verkauf etwas sehr Wichtiges geschrieben, das sich im Laufe meiner Jahre im Verkauf immer wieder bestätigte:

> *Top-Verkäufer reden über Ziele,*
> *mittelmäßige über Probleme und*
> *schlechte über Kollegen!*

Dies ist ohne Wenn und Aber eine der Kernaussagen für den erfolgreichen Verkäufer oder den, der es werden möchte. Fangen Sie also an, sich über Ihre Ziele und deren Erreichen Gedanken zu machen. Beginnen Sie zu planen und überlegen Sie, welche Maßnahmen mit welchen Mitteln zu welchen Ergebnissen führen. Reden Sie nicht über Hindernisse, sondern stellen Sie diese ab, damit das Ziel erreichbar wird.

Wenn Sie in der zweiten Punkte-Hälfte liegen, sind Sie auf dem besten Weg, einer der absoluten Top-Verkäufer zu werden. Die Arbeit dorthin ist hart, aber lohnenswert. Wie alles im Leben sind die ersten 80 Prozent verhältnismäßig schneller zu erreichen als die letzten 20 Prozent.

Sie zählen offensichtlich schon zu den Verkäufern, die ihre Umsätze regelmäßig erzielen und von Kollegen neidvoll (wo Leistung gefragt ist, wird es immer Neid geben. Und diesen muss man sich immer schwer erarbeiten.) beäugt werden. Sie arbeiten sehr kundenorientiert und zeigen durch professionelles Verhalten dem Kunden Ihre Kompetenz. Sie sind bereits überdurchschnittlich engagiert und als Verkäufer üben Sie genau den richtigen Beruf aus.

Um in die nächste Verkäufer-Kategorie zu gelangen, sollten Sie zukünftig Ihre Ziele genauer definieren. Versuchen Sie, die Punkte, die Sie beim Test mit Nein beantwortet haben beziehungsweise die ohne Punkte gewesen sind, konsequent abzustellen. An diesem Punkt bleibt mir nur noch zu sagen: „Weiter so!"

Mehr als 81 Punkte
Sie zählen zu den absoluten Top-Verkäufern, also zur Elite der gesamten Wirtschaft!

Herzlichen Glückwunsch!

An Ihrem Fall bewahrheitet sich wieder einmal, dass Spitzenverkäufer trotz ihrer Erfolge immer an sich arbeiten, indem sie ständig Informationen über den Verkauf, Branchen, Vorgehensweisen und Techniken etc.

heranziehen, um weiterhin zur Elite zu gehören. Sie sind vergleichbar mit einem Spieler der Bundesliga, der permanent trainiert, um an der Spitze zu bleiben. Sie wissen, dass Sie dann weiterhin dieses Gefühl von Stärke und Größe erleben.

Lassen Sie Ihre Umwelt nicht durch Arroganz oder Hochmut spüren, wie erfolgreich Sie sind. Sie haben das JETZT nicht mehr nötig, oder? Legen Sie besonders großen Wert auf Menschlichkeit und auf das Miteinander. Stellen Sie den Menschen in den Mittelpunkt Ihres Handelns, überdenken Sie permanent Ihre Sozialkompetenz, holen Sie sich Feedback von Freunden, Bekannten, Kollegen und Vorgesetzten. Fangen Sie an, Ihre Arbeit zu analysieren, suchen Sie neue Wege in Ihrer Arbeit und Ihrer Vorgehensweise, und Sie werden noch erfolgreicher werden, als Sie es jetzt schon sind.

Ergebnis 2 – Verkäuferische Neigung

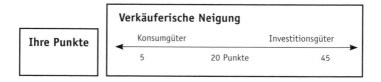

Die verkäuferische Neigung beschreibt, welche Affinität und Tendenzen Sie im Verkauf haben.

Tendenz 20 Punkte

Befindet sich Ihr Kreuz nahe der 20-Punktemarke, so sind Sie in der Lage, sowohl Investitionsgüter als auch Konsumgüter gleich gut zu verkaufen. Für Sie spielt es offenbar keine Rolle, in welche Sparte Sie gehen.

Je weiter Sie an die Mitte kommen, umso flexibler werden Ihre verkäuferischen Fähigkeiten im Wechsel zwischen Investitions- und Konsumgütern.

Tendenz 5 oder aber 45 Punkte

Haben Sie 45 oder 5 Punkte erreicht, so sollten Sie ausschließlich in dem für Sie bestimmten Bereich arbeiten. Kurzfristig können Sie sicherlich erfolgreich sein, langfristig sollten Sie jedoch Ihren Markt überdenken.

Ergebnis 3 – Verkäuferischer Motivationsgrad

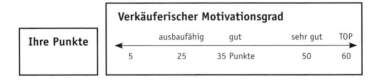

An diesem Ergebnis lässt sich Ihr Motivationsgrad im Verkauf darstellen. Je höher die Punktzahl, desto motivierter sind Sie. Der Erfolg spiegelt sich ebenfalls im Motivationsgrad wider, denn nur Verkäufer, die hoch motiviert sind, können auch Top-Leistungen erbringen:

Erfolg und Motivation sind ganz eng miteinander verknüpft!

141

Je höher also Ihr persönlicher Motivationsgrad ist, desto erfolgreicher sind oder werden Sie. Die zu erreichende Höchstzahl liegt bei 66 Punkten.

Weniger als 5 Punkte

Sollten Sie tatsächlich auf weniger als fünf Punkte beim Motivationsgrad kommen, so sollten Sie Ihre Tätigkeit im Verkauf und vor allem als Verkäufer sofort überdenken.

Wenn Sie zu dem Schluss kommen, dass der Verkauf Ihre „Mission" ist, dann sollten Sie unverzüglich, und zwar ab jetzt, Maßnahmen einleiten, die Ihre Motivation wieder auf ein vernünftiges Niveau bringen. Fangen Sie an, sich mit diesem Beruf zu identifizieren, sich ernst zu nehmen. Stellen Sie alle negativen Gedanken wie „Ach, ich kann das doch sowieso nicht richtig" oder „Wie soll ich das denn bei dem Ärger alles schaffen" oder „Wenn die Produkte besser wären, wäre ich auch motivierter" ab! Hören Sie auf, in Selbstmitleid zu verfallen. Sie können aus der Misere herauskommen, wenn Sie wirklich wollen. Wollen Sie (siehe Ende des Kapitels)?

25 bis 50 Punkte

Ihr Motivationsgrad liegt zwischen 25 Punkten (ausbaufähig) und 50 oder mehr Punkten (sehr gut)? Hiermit gehören Sie erst einmal zur Basis. Das heißt, Ihre Motivation hat alle Grundvoraussetzungen, um ausgebaut beziehungsweise optimiert zu werden.

Befinden Sie sich in dem Korridor zwischen 25 und 35 Punkten, so haben Sie die besten Voraussetzungen, um ein sehr guter Verkäufer zu werden. Arbeiten Sie an Ihrer Motivation, um dorthin zu gelangen. Beginnen Sie, Ihre Gewissenhaftigkeit zu steigern, indem Sie ALLE Termine einhalten und bei ALLEN – wirklich allen – Angeboten nachtelefonieren. Bereiten Sie sich auf jeden Termin vor. Überlassen Sie also nichts mehr dem Zufall, denn dieser kann durch Konsequenz und Können eliminiert werden. Und denken Sie immer daran:

Nicht die Großen werden die Kleinen fressen,
sondern immer die Schnellen die Langsamen!

Befinden Sie sich oberhalb der 35-Punktemarke, so haben Sie schon optimale Voraussetzungen, um an die Spitze zu gelangen. Sie sind bereits in der Lage, Ihren Kunden zu begeistern und ihn von sich und Ihrem Angebot zu überzeugen. Sie sind nicht der Verkäufer, der ausschließlich über den Preis verkauft, sondern Sie können es sich erlauben, teurer zu sein als der Wettbewerb. Sie sind nicht der Rabattverkäufer. Scheuen Sie sich nicht, einen Kollegen zu einem schwierigen Kundengespräch hinzuzuziehen – dies kann durchaus, wenn es angebracht ist, Ihre Kompetenz zusätzlich steigern.

Versuchen Sie, schneller zu sein als Ihr Wettbewerber. Beginnen Sie, diesen Wettbewerb als Sport zu betrachten, und Sie werden noch öfter als Sieger hervorgehen. Dieser Erfolg wird Ihnen weiteren Erfolg bringen. Denn Erfolg zieht Erfolg an, und Sie werden bald zur Elite der Verkäufer gehören.

Mehr als 50 Punkte

Wenn Sie nicht bereits zu den erfolgreichsten Verkäufern gehören, der motivierteste sind Sie bereits und somit ist der Weg zum Erfolg absehbar. Sie sind nicht nur in der Lage, den Kunden zu überzeugen, vielmehr können Sie

Kunden begeistern und mitreißen. Den Wettbewerb sehen Sie eher als Herausforderung denn als Behinderung. Lassen Sie sich auch zukünftig nicht durch temporär veränderte Produkteigenschaften, die eine Reklamation nach sich ziehen, oder durch „hausgemachte Parolen" beirren. Haben Sie auch weiterhin keine Scheu, einen Kollegen hinzuzuziehen, um einen Kunden für sich zu gewinnen. Denn Sie wollen nur eins – ERFOLG.

Gehen Sie diesen Weg unbeirrt weiter, denn er führt Sie dorthin, wo Ihre Ziele Wirklichkeit werden.

Ergebnis 4 – Arbeit mit Verkaufswerkzeugen

Mit diesem Ergebnis erfahren Sie, inwieweit Sie für Ihre Arbeit Controllingwerkzeuge nutzen. Gerade im Verkauf wird der Einsatz eigener Statistiken oft unterschätzt. Wir reden nicht von Rechtfertigungslisten, sondern von Statistiken, die unsere Arbeit im Verkauf unterstützen und es uns ermöglichen, Lücken im operativen Geschäft zu schließen.

Weniger als 5 Punkte
Sie arbeiten im Verkauf nahezu ausschließlich intuitiv. Vermutlich machen Sie Ihren Job schon sehr lange und glauben, dass der derzeitige Misserfolg an der wirtschaft-

lichen Situation und nicht an Ihnen liegt. Da muss ich
Sie enttäuschen. Sie überlassen alles dem Zufall und
planen rein gar nichts. Sie schieben den Grund für
den entgangenen Auftrag dem Kunden oder dem Wettbewerber zu. Sie verlieren sogar Aufträge, bei denen
der Wettbewerber teurer war als Sie. Und wieder war es
der blöde Kunde, Wettbewerber oder vielleicht auch das
Produkt!? Nur Sie, Sie machen niemals Fehler.

Bevor Sie über Controlling nachdenken, sollten Sie erst
einmal mit Ihrer „Eigenkontrolle" beginnen – Sie sollten
zunächst zu der Einsicht gelangen, dass nicht nur die
anderen an allem schuld sind, sondern dass auch Sie
eine Menge Fehler machen. Lassen Sie sich durch eine
Person Ihres Vertrauens einmal offen die Meinung sagen.
Suchen Sie hierbei niemanden aus, der nur positive Dinge
erzählt, sondern jemanden, der wirklich ehrlich ist und
mit Ihnen „Tacheles" redet.

25 bis 50 Punkte

Für Sie sind Controllingwerkzeuge mehr oder weniger
ein notwendiges Übel. Je höher Sie in der Punkteskala
liegen, desto mehr nutzen Sie die Werkzeuge für die ver-
triebliche Steuerung und sehen vor allem die Notwendig-
keit solcher Statistiken oder administrativen Tätigkeiten
für die Terminvorbereitung, die Durchführung von An-
gebotserhebungen und auch für die Auswertung von
Notizen, die Sie beim Kunden machen. Sie nutzen diese
Daten zumindest teilweise für Ihre Jahresplanungen oder
zur Überprüfung der Potenziale Ihres Verkaufsgebietes,
um Ihre Jahresziele festzulegen oder Ihre Strategien beziehungsweise Routenplanungen für Kundenbesuche zu
definieren.

Leider ist es auch heute noch so, dass die meisten Verkäufer alles in Ihrem Job gerne machen – außer administrative Arbeiten. Aber Controlling ist, so leid es mir tut, ein absolutes Muss, um erfolgreich zu sein.

Nutzen Sie also die Möglichkeiten solcher Werkzeuge intensiver, und Sie werden Ihren Erfolg im wahrsten Sinne des Wortes planen können.

Mehr als 51 Punkte
Sie sind Meister der Statistiken und Auswertungen. Achtung! Bedenken Sie, dass es neben dem Controlling noch andere wichtige Dinge im Verkauf gibt:
Sie verdienen Ihr Geld im Tagesgeschäft, das heißt, Sie müssen verkaufen, um erfolgreich zu sein. Und zweitens: „Draußen spielt die Musik".

Die schönsten Auswertungen und Statistiken nutzen nichts, wenn Sie diese nicht sinnvoll umsetzen und wenn Sie dadurch Ihre eigentliche Arbeit vernachlässigen. Einem Top-Verkäufer sieht man es eher nach, wenn er seine Controllingwerkzeuge nicht pflegt, als jemandem, der super Werkzeuge zur Verfügung hat und diese minutiös pflegt – aber keinen Umsatz generiert. Auch hier muss die Relation, also die Verhältnismäßigkeit, stimmen.

Haben Sie mehr als 60 Punkte erreicht, so rate ich Ihnen: etwas weniger Statistiken und dafür mehr Umsatz. Glauben Sie mir, es funktioniert! Überlegen Sie, welche Statistiken Sie wirklich brauchen, um mehr Umsatz zu generieren beziehungsweise Maßnahmen ableiten zu können.

Ergebnis 5 – Inkonsequenz und Trägheit

Ihre Punkte	Inkonsequenz und Trägheit			
	schwach	o.k.	sehr stark	extrem
	5 10	25 Punkte	35	45

Sie werden sich sicherlich gewundert haben, warum Sie in dieser Ergebnistabelle eher weniger Punkte haben als in allen anderen Auswertungen oder umgekehrt. Wie Sie sehen, handelt es sich hier um die Eigenschaften „Inkonsequenz und Trägheit" im Verkauf.

An diesem Ergebnis können Sie ablesen, ob Sie im Verkauf noch fit und dynamisch sind oder eher „satt". Wenn Sie bereits satt sind, werden Sie unweigerlich träger und verfolgen nicht mehr so konsequent wie früher Ihre Aufträge, betreuen Ihre Kunden nicht mehr so intensiv, haben plötzlich Verständnis für die Ausreden der Kunden und sehen Umsatzziele als unrealistisch und illusorisch an.

Weniger als 10 Punkte

Haben Sie weniger als 10 oder gar 5 Punkte, sind Sie an Arbeitsbereitschaft und Dynamik kaum zu übertreffen. Sie sind Realist und Motivator in einem. Sie sehen den Verkauf immer noch als Herausforderung, und wenn Ihnen dies bereits seit vielen Jahren gelingt, sind Sie eine geborene Kämpfernatur und zum Siegen verdammt.

11 bis 24 Punkte

Bei mehr als 10 und weniger als 25 Punkten liegen Sie im „grünen Bereich". Versuchen Sie jedoch, etwas mehr Eigeninitiative und Kämpferherz in Ihre Aktivitäten zu legen, und halten Sie alle Termine, sowohl die internen als auch die externen, konsequent ein.

26 bis 35 Punkte

Haben Sie mehr als 26 Punkte erreicht, so spiegelt sich Ihre derzeitige Umsatzsituation in Ihrer Trägheit und Inkonsequenz wider. Wenn Sie nicht an Ihrer Dynamik arbeiten, werden Sie beim nächsten Test Ihr Punkteergebnis in diesem Bereich noch toppen.

Beginnen Sie wieder, um den Kunden und letztendlich auch um den Auftrag zu kämpfen. Stellen Sie den Kunden in den Mittelpunkt Ihrer Aktivitäten. Halten Sie auf alle Fälle die Termine ein, die man mit Ihnen vereinbart. Sehen Sie den Verkauf niemals als Routine, denn wenn der Verkauf eines nicht sein kann, dann ist es Routine – denn:

Wir haben es im Verkauf immer mit Menschen zu tun.

Nehmen Sie sich fest vor, ab sofort wieder zu siegen. Denn Menschen kaufen am liebsten bei Siegern.

Mehr als 35 Punkte

Wenn Sie mehr als 35 Punkte erreicht haben, dann sind Sie „satt".

Hören Sie auf zu verkaufen, denn Sie tun dies schon lange nicht mehr wirklich!

Nach dem Test

Der Weg zum Top-Verkäufer

Der Test ist gemacht. Was jetzt?

Nach diesem Test stellen Sie sich vielleicht Fragen wie:
- Was muss ich tun, um meine Motivation zu steigern?
- Wie kann ich mein Talent ausbauen?
- Welche Maßnahmen muss ich einleiten, um meine Schwächen auszugleichen?
- Wie muss ich weiter vorgehen?
- Wie kann ich dieses hohe Niveau halten?

Es gibt drei Punkte, die bei einer Veränderung zu beachten sind. Alle drei hängen unweigerlich miteinander zusammen und sind isoliert betrachtet vollkommen unwirksam:

1. Sie müssen es wollen! Wirklich WOLLEN!
2. Sie müssen wissen, wie! Das heißt, Sie brauchen für die Umsetzung Informationen über den Weg zum Ziel! Siehe Inhalte des Buchs!
3. Sie müssen es wollen! Wirklich WOLLEN!

Was nutzt es, wenn Sie wollen, aber nicht wissen, wie! Oder Sie wissen zwar, wie es geht, wollen aber nicht wirklich. Beides ist zum Scheitern verurteilt.

Wenn Sie von einem Vorhaben absolut überzeugt sind, so können Sie selbst Ziele erreichen, die Sie vorher als unmöglich betrachtet haben.

Was alles mit dem Kopf geht (oder auch nicht), möchte ich an einem persönlichen Beispiel aufzeigen:

Beispiel:

Mein Freund Matthias ist seit vielen Jahren dem Kampfsport verfallen. Er trainiert aus meiner Sicht wie ein Wahnsinniger mehrere Stunden täglich. Eines Tages zeigte er bei der Präsentation seiner „Künste" etwas für mich Unfassbares: Er brach mit seinem Schienbein einen Baseballschläger durch. Physikalisch müsste das Verhältnis umgekehrt sein – Baseballschläger ganz, Schienbein kaputt – jedoch war es so, wie ich es sagte. Wir haben uns lange über die Kraft und Technik unterhalten, die notwendig ist, um so einen Schläger zu „bezwingen". Matthias sagte zu mir: „Natürlich muss man so etwas trainieren, dennoch gibt es Tage, an denen ich nicht in der Lage bin, einen Baseballschläger durchzutreten. Dann bin ich allerdings im Kopf nicht frei und kann mich nicht so recht darauf konzentrieren."

Auch im Verkauf gilt:
Wenn wir etwas wollen, ist die Wahrscheinlichkeit, es zu erreichen, viel höher als wenn wir daran zweifeln! In einem Unternehmen kann das folgendermaßen aussehen:

Beispiel:

Ein Autoverkäufer ist mit der eigenen Kundendienst-Werkstatt sehr unzufrieden. Dieses Problem bestätigen ihm des Öfteren seine Kunden. Seine Laune ist nicht die beste, weil ständig nur Reklamationen auf seinem Tisch landen. Aus diesem Grunde verkauft er derzeit weniger Autos als früher. Sein gesamtes Handeln, Auftreten, selbst sein Er-

scheinungsbild zeigen keinen erfolgreichen Verkäufer. Er behauptet: „Wenn wir nicht sofort etwas in der Werkstatt verändern, werden wir nichts mehr verkaufen. Denn warum soll ein Kunde bei mir kaufen, wenn unsere Werkstatt so schlecht ist?" Stimmt. Dieser Verkäufer wird auf jeden Fall recht behalten und er kann jederzeit sagen: „Hab' ich euch doch gesagt, dass die Kunden nicht mehr kaufen!"

Sein Kollege, den der negative Verkäufer noch nicht anstecken konnte, kommt gerade hoch motiviert aus seinem Jahresurlaub zurück. Gut gelaunt, erholt, motiviert, frisch und dynamisch symbolisiert er den erfolgreichen Verkäufer, der auf die Kunden positiv zugeht und diese mit seiner guten Laune ansteckt.

Was glauben Sie: Welcher Verkäufer ist erfolgreicher? Und zweitens: Wie lange, glauben Sie, dauert es, um den hoch motivierten Verkäufer auf das Niveau des Miesepeters zu bringen? Bleibt nur zu hoffen, dass der gut gelaunte Verkäufer auf Durchzug stellt und motiviert bleibt. Nach meiner Erfahrung kann dies gelingen, wenn der Verkäufer seinen Kollegen mit allen zur Verfügung stehenden Mitteln meidet.

An diesen beiden Beispielen wird Folgendes deutlich: Hinter dem Ausspruch „Ich kann das nicht" verstecken wir Menschen uns allzu gerne, damit alles so bleiben kann, wie es ist. Etwas nicht zu können, ist kein Grund, es nicht zu lernen. Denn alles, was wir können, haben wir irgendwann einmal gelernt – zuvor konnten wir es auch nicht! Die Frage kann immer nur lauten: „Kannst du das nicht, oder willst du es nicht?"

Wenn ich etwas nicht will, werde ich es auch nie können wollen. Wenn ich etwas nicht kann, es aber unbedingt will, erhöht dieser Wille die Wahrscheinlichkeit, es bald zu können.

Also hängt der Erfolg aller Dinge in erster Linie von der persönlichen Einstellung, der Motivation und der Zielsetzung ab.

Und was WOLLEN Sie erreichen? Notieren Sie Ihre persönlichen und beruflichen Ziele, die Sie wirklich erreichen wollen. Zur besseren Visualisierung übertragen Sie diese Ziele auf ein großes Blatt und hängen Sie dieses an einem Platz auf, wo Sie jeden Tag hinschauen.

Ich wünsche Ihnen viel Erfolg bei der Umsetzung!

Ihr

Die neue Schlagfertigkeit

Valentin Nowotny
Die neue Schlagfertigkeit
Schnell, überraschend und sympathisch

332 Seiten; 2009; 24,80 Euro
ISBN 978-3-938358-97-9; Art.-Nr.: 698

Was Sie von Obama, Merkel, Klitschko & Co. lernen können

Ist Ihnen wieder die Luft weggeblieben oder eine angemessene Antwort zu spät eingefallen? Ganz gleich ob gemeine Frage oder verbaler Angriff – mit einer vorbildlichen und nachahmenswerten Schlagfertigkeit meistern Sie auch solche Situationen souverän und selbstsicher.

Und diese Schlagfertigkeit lässt sich lernen. Der Psychologe und Medienwissenschaftler Valentin Nowotny analysiert die zentralen Prinzipien der modernen Schlagfertigkeit. Anhand wissenschaftlich begründeter Erkenntnisse und umfangreicher Medienauswertungen zeigt er das Wesen moderner Schlagfertigkeit an Beispielen von Personen des öffentlichen Lebens.

Dieses Trainingsbuch vermittelt Ihnen, wie Sie diese Prinzipien der neuen Schlagfertigkeit in vielfältiger Weise praktisch im täglichen Leben anwenden lassen. Mit unterhaltsamen und amüsanten Beispielen aus Politik, Wirtschaft, Unterhaltung und Sport illustriert der Autor die neue Schlagfertigkeit. Vor allem aber stärkt er die Fähigkeit, schlagfertig zu reagieren und den persönlichen Stil in Sachen Schlagfertigkeit zu kultivieren und zu verbessern.

Die Ich-Sender

Wolfgang Hünnekens
Die Ich-Sender
Das Social Media-Prinzip
Twitter, facebook & Communitys
erfolgreich einsetzen

156 Seiten; 2009; 17,90 Euro
ISBN 978-3-86980-005-9; Art.-Nr.: 808

Eines der wohl meistgelesenen Bücher zu Social Media und Web 2.0

Die Ich-Sender – sie twittern, bloggen und präsentieren einem Millionenpublikum Details aus ihrem Leben. Social Media sind für die Generation Upload so selbstverständlich wie die Luft zum Atmen – doch wie steht es um die Unternehmen? Die kommerzielle Nutzung von Facebook, Twitter, XING und Co. für gezieltes Marketing, Zielgruppenkommunikation oder PR ist für viele Unternehmen noch immer nicht Realität.

Der Kommunikationsprofi Wolfgang Hünnekens zeigt in seinem neuen Buch, welche Möglichkeiten das Web 2.0 mit seinen Kommunikationsformen bietet. Den Kinderschuhen entwachsen entwickeln sich die Social Media zu einer ernsthaften, seriösen Kommunikationsform. Anhand vieler Beispiele zeigt dieses Buch, welche Potenziale diese neuen Medien bieten. Ob Social Media-Kenner oder -Novizen, die beabsichtigen ins Thema einzusteigen, sie alle finden in diesem Buch viele neue Aspekte für den gezielten Einsatz von Social Media.

„Die Denkanleitung für die sozialen Medien."
getAbstract (Februar 2010)

Stefan Berns; Dirk Henningsen
Der Twitter Faktor
Kommunikation auf den Punkt gebracht

312 Seiten; 2009; 24,80 Euro
ISBN 978-3-86980-000-4; Art.-Nr.: 811

Twitter – Kommunikation in Echtzeit!

Kaum ein anderes Medium im Web 2.0 liefert aktuell so schnell passgenaue Informationen und vernetzt Menschen wie Twitter. Ganz gleich, ob Sie Trends aufspüren wollen, interessante Geschäftspartner und Experten suchen oder Twitter für Ihre Selbstvermarktung nutzen – als Zwei-Wege-Kommunikations-Tool stehen Ihnen dank vieler Zusatzanwendungen bisher ungeahnte Möglichkeiten offen.

Die deutschen Twitter-Coaches Stefan Berns und Dirk Henningsen illustrieren in diesem Buch, wie Trainer, Berater, Einzelkämpfer und sogar Unternehmen dieses mächtige Kommunikationstool einsetzen können. Angefangen bei der Generierung neuer Followers bis hin zum effizienten Einsatz diverser Twitter-Tools zeigen die Autoren, welche neuen Möglichkeiten Twitter für Online-PR, Online-Marketing und Kundenbindung eröffnet.

Ein spannendes Buch, das zeigt, wie Twitter die Kommunikation verändert und welche Chancen und Möglichkeiten der Twitter Faktor zukünftig bietet.

Jacques Werth, Nicholas E. Ruben, Michael Franz
High Probability Selling – Verkaufen mit hoher Wahrscheinlichkeit
So denken und handeln Spitzenverkäufer!
3. Auflage

228 Seiten; 2009; 24,80 Euro
ISBN 978-3-938358-55-9 ; Art.-Nr.: 730

„High Probability Selling - Verkaufen mit hoher Wahrscheinlichkeit" basiert auf dem amerikanischen Longseller „High Probability Selling", der sich bisher über 100.000 Mal in den USA verkauft hat.

Der Verkäufer Sal Esman hat schon alles versucht ...

… mehr Motivation, bessere Präsentationen, härtere Abschlusstechniken. Ohne durchschlagenden Erfolg. Dann wechselt er den Job. Dort lernt er etwas völlig Neues: High Probability Selling. Mit dieser Verkaufsmethode schafft er endlich den Aufstieg: Auf einfache, ehrliche und erfreuliche Weise verkauft er an Kunden, die seine Produkte und Dienstleistungen jetzt wollen, brauchen und bezahlen können. Und er hat wieder Spaß an der Arbeit. Ist das etwas, das Sie auch wollen?

Anne M. Schüller
Erfolgreich verhandeln – Erfolgreich verkaufen
Wie Sie Menschen und Märkte gewinnen

232 Seiten; 2009; 24,80 Euro
ISBN 978-3-938358-95-5; Art.-Nr.: 802

Neue Zeiten brauchen neue Verkäufer – und ein neues Verkaufen

Moderne Verkaufsgespräche funktionieren nicht länger nach den mehr oder weniger plumpen Regeln, die vor Jahren noch gültig waren. Denn die Kunden sind – nicht zuletzt durch das Web 2.0 – informierter, kritischer, anspruchsvoller und deutlich fordernder geworden.

Da reicht es nicht mehr, nach altem Strickmuster Verkaufstechniken auswendig zu lernen oder selbst ernannten Gurus nachzubeten. Vielmehr müssen Verkäufer verstehen, wie Menschen kaufen und nach welchen Regeln sie Entscheidungen treffen, um dieses Wissen dann Schritt für Schritt zu einem erfolgreichen Verkaufsgespräch zusammenzusetzen.

In ihrem neuen Buch verknüpft Anne M. Schüller auf einzigartige Weise die Psychologie des Verhandelns und die faszinierenden Erkenntnisse der Hirnforschung mit der hohen Kunst des Verkaufens.

Es modernisiert bestens bewährte und präsentiert neue Verkaufstechniken – auf die heutigen Kunden zugeschnitten. Locker zu lesen bietet es für alle Phasen des Verkaufsgesprächs eine üppige Fülle ganz konkreter Formulierungsvorschläge – für brillante Verhandlungen und unerschöpflich viele Verkaufsabschlüsse.

Eva Ruppert
Ihr starker Auftritt
Knigge heute – individuell und
überzeugend

192 Seiten; 2009; 17,90 Euro
ISBN 978-3-938358-90-0; Art.-Nr.: 788

**So schaffen Sie die Basis für Ihren persönlichen und
geschäftlichen Erfolg**

Der souveräne Auftritt ist neben der fachlichen Kompetenz der ent-
scheidende Karrierefaktor. Nur wer moderne Verhaltensstandards
kennt und diese gepaart mit gesundem Menschenverstand anwendet, ebnet den Weg für ein rücksichtsvolles und sympathisches
Miteinander.

Das neue Buch von Eva Ruppert verarbeitet Erfahrungen aus ihrer
mehr als 15-jährigen Tätigkeit als Image- und Kommunikations-
trainerin. Kritisch hinterfragt die Autorin die von dem anonymen
„Council of Etiquette" vorgegebenen Regeln, macht sie transparent
und prüft sie auf ihre Aktualität. Mit wertvollen, direkt in die Praxis
umsetzbaren Tipps zeigt sie dem Leser, wie er sich gekonnt in
Szene setzt. Die hohe Kunst besteht darin, die Regeln zu beherrschen, ohne sich dabei beherrschen zu lassen. Oftmals ist
es nötig, situativ zu entscheiden und die eine oder andere Regel
individuell auszulegen – denn der souveräne Umgang mit der
Etikette ist der Türöffner für eine erfolgreiche Karriere.

Setzen Sie sich perfekt in Szene – Dieses Buch ist unverzichtbar
für Führungskräfte, Accountmanager, Kundenberater und all jene,
die ihren persönlichen Auftritt perfektionieren wollen.